BEITRÄGE ZUR
GESCHICHTE DER BIBLISCHEN EXEGESE

Herausgegeben von
OSCAR CULLMANN, BASEL/PARIS · NILS A. DAHL, OSLO
ERNST KÄSEMANN, TÜBINGEN · HANS JOACHIM KRAUS, GÖTTINGEN
HEIKO A. OBERMAN, TÜBINGEN · HARALD RIESENFELD, UPSALA
KARL HERMANN SCHELKLE, TÜBINGEN

13

Die zehn Worte
in Geschichte und Gegenwart

Zählung und Bedeutung der Gebote
in den verschiedenen Konfessionen

von

BO REICKE
Professor in Basel

1973

J. C. B. MOHR (PAUL SIEBECK) TÜBINGEN

INHALT

Vorwort

Die vorliegende Studie wurde von einer kirchenhistorischen Frage veranlaßt: Warum verteilen a) lateinische und lutherische, b) griechische und reformierte Katechismen, c) talmudische Lehrmittel die zwei Sinai-Tafeln mit den „zehn Worten" (Ex. 20,2—17; Deut. 5, 6—21) entweder auf drei plus sieben, vier plus sechs oder fünf plus fünf Gebote? Und warum tragen innerhalb dieser Gruppen die zehn Worte verschiedene Nummern? Die ältere Literatur zum Dekalog gibt auch darüber einige Auskunft, aber es zeigte sich notwendig, die historischen Gründe für die Spaltung näher zu prüfen. Infolgedessen nimmt ihre Darstellung in Kapitel 2 dieses Buches den Hauptraum in Anspruch. Nachher fand es der Verfasser angebracht, ganz kurz in einem Kapitel 1 die Gestalt des überlieferten Textes der zehn Worte darzustellen und in einem Kapitel 3 die Bedeutung des Dekalogs im Neuen Testament und für die Gegenwart anzudeuten.

1. Das erste Kapitel stellt keineswegs den Anspruch, die alttestamentliche Wissenschaft um neue Theorien zur Entstehung und Bedeutung der einzelnen Gebote zu bereichern. Es will lediglich die Struktur des hebräischen Textes aufweisen, um den Ausgangspunkt der späteren Differenzen in der Einteilung zu beleuchten. Mit der theologischen Bedeutung der Gebote beschäftigt sich nur die kurze Betrachtung im dritten Kapitel.

2. Es ist vor allem unsere Hoffnung, daß im zweiten Kapitel die für Kirchen- und Dogmengeschichte interessierten Leser Material finden, das neue Perspektiven eröffnet. Hier handelt es sich nicht um Stellungnahme zur Frage, welches System der Zählung richtig sei. Vielmehr war die Absicht, gerade die theologischen Motive und historischen Umstände zu behandeln, welche die verschiedenen Zählungen bedingten. Wo die Auseinandersetzungen und Abhängigkeitsverhältnisse kompliziert erschienen, wie in bezug auf die von Zwingli und Calvin ausgehende Tradition in der Schweiz, im Elsaß und in England, mußte ihnen eine relativ gründliche Aufmerksamkeit geschenkt werden. Jedoch ließ sich der Verfasser stets von der Überzeugung leiten, daß jüdische Synagogen und christliche Konfes-

sionen jeweils mit historischem Recht ihre verschiedenen Gesichtspunkte vertraten[1].

3. Das dritte Kapitel ist eine bescheidene Ergänzung in Richtung der biblischen und der praktischen Theologie. Unvermeidlich erhob sich im Blick auf die ökumenische und sozialethische, aber gleichzeitig pluralistische und materialistische Orientierung des heutigen Christentums die Frage, ob der historisch bedingte Dekalog des Alten Bundes trotz der veränderten Situation des Neuen Bundes noch irgendeine für die moderne Menschheit verpflichtende Autorität und Aktualität beanspruchen kann. Gewiß erscheint die Frage schwierig. Einerseits wird sie vom Neuen Testament nicht generell, sondern nur durch Hinweise auf die einzelnen Gebote beantwortet; andererseits kann man die Gegenwart nur subjektiv und mit Rücksicht auf vorhandene Tendenzen beurteilen. Dennoch leuchtet aus dem Material eine ungeahnt evangelische und aktuelle Bedeutung des Dekalogs hervor.

Bo Reicke

---

[1] Die gründliche Studie von *J. Geffcken*, Über die verschiedene Einteilung des Decalogus und den Einfluß derselben auf den Cultus (1838), bildete eine Quelle für viele spätere Darstellungen. Allerdings wurde sie zugunsten eines kirchlichen Programms geschrieben. Geffcken war ein Lutheraner, der einerseits gegen die katholische Tradition reagierte, andererseits mit der protestantischen Union sympathisierte. Er wollte im Interesse der Reformierten zeigen, daß ihre Zählung die einzig richtige sei (S. 27) und daß sie auf ungebrochene Überlieferungen des Altertums und des Mittelalters zurückgehe (S. 197—210). Das historische Material erlaubt nicht, daß in dieser Weise für eines der Systeme eine absolute Richtigkeit und eine lückenlose Sukzession beansprucht werden. Geffcken schrieb zum Beispiel den Waldensern eine Schlüsselstellung zu, weil ihr alter Katechismus eine mit der reformierten Tradition übereinstimmende Dekalogzählung aufweise. Aber der waldensische Katechismus entstand nicht um 1100, wie es Geffcken wollte, sondern um 1500 unter böhmischem Einfluß (*J. Müller*, Die deutschen Katechismen der Böhmischen Brüder, 1887, S. 139—142). Er enthielt nicht die neue Zählung, sondern wie der böhmische Katechismus (u. S. 28) den unnumerierten Bibeltext ohne Auslassung des Bilderverbots (Text bei *J. J. Herzog*, Die romanischen Waldenser, 1853, S. 439). Seit 1523 standen die Waldenser unter reformiertem Einfluß und übernahmen allmählich die neue Zählung. — Später veröffentlichte *Geffcken* eine lange vorbereitete Ergänzung: Der Bildercatechismus des funfzehnten Jahrhunderts und die catechetischen Hauptstücke in dieser Zeit bis auf Luther, 1. Die zehn Gebote (1855). Hier setzte er die Polemik gegen das Luthertum fort (S. 58 f.), ohne die gesuchten vorreformatorischen Belege für Calvins Zählung gefunden zu haben. Wegen des bibliographischen Stoffes behält jedoch auch dieses Buch großen Wert.

1. Die zehn Worte im Exodustext

Die sogenannten „zehn Worte" des am Sinai empfangenen Gesetzes wurden seit Augustin aus den parallelen Texten *Ex. 20, 2-17* und *Deut. 5, 6-21* in zahlreiche Katechismen aufgenommen, haben dadurch pädagogische Bedeutung gewonnen und sind noch heute den Juden und Christen ein Begriff. Sie werden allgemein „die zehn Worte", „die zehn Gebote" oder „der Dekalog" genannt, tragen aber im Alten Testament keine Nummern und stehen in den angeführten Bibeltexten unter keiner Überschrift. Nur unbestimmt zusammenfassend reden drei andere Stellen des hebräischen Pentateuchs von „den zehn Worten": Ex. 34,28, Deut. 4,13 und 10,4 (hebr. 'ắseret haddĕbārīm; griech. hoi déka lógoi). In nachbiblischer Zeit entstand daraus (als Abkürzung für hē dekálogos nomothesía „das aus zehn Worten bestehende Gesetz") der theologische Ausdruck „der Dekalog" (griech. hē dekálogos: Clemens von Alexandrien, Paedagogus III,12; lat. decalogus: Tertullian, De anima XXXVII,4). Allerdings bezieht sich die erste der angeführten Stellen des Gesetzes, Ex. 34,28, nicht auf den Dekalog, sondern auf den in der modernen Forschung sogenannten Dodekalog, Ex. 34,12-26, der vermeintlich zwölf, eigentlich dreizehn oder sogar fünfzehn kultische Gebote enthält[1]. Jedoch weisen die zwei anderen Stellen, Deut. 4,13 und 10,4, zweifellos auf den klassischen Dekalog hin, das heißt auf die zwei Tafeln mit religiösen und rechtlichen Geboten, die in Ex. 20,2-17 und Deut. 5,6-21 ziemlich gleichlautend angeführt werden. Schon das Buch Deuteronomium sprach also von den „zehn Worten", bloß nicht im Rahmen dieser Gebote, sondern im weiteren Kontext.

---

[1] *J. W. Goethe* hat in einer Jugendschrift die Theologen auf die historische Bedeutung des kultischen Dodekalogs aufmerksam gemacht: Zwo wichtige, bisher unerörtete biblische Fragen, zum erstenmal gründlich beantwortet von einem Landgeistlichen in Schwaben, Lindau am Bodensee (1773), = Werke Goethes hrsg. von der Deutsch. Akad. der Wiss. Berl. 2,3 (1956), S. 180—184: Was stand auf den Tafeln des Bundes? Antwort: Nicht die zehn Gebote, das erste Stück unsers Katechismus! Laßt es euch durch Mosen selbst sagen (dann folgt ein Zitat des Dodekalogs, Ex. 34,10—28).

2

a) Übersetzung

Bei einer kritischen Analyse zeigt sich, daß die beiden parallelen Texte Ex. 20,2-17 und Deut. 5,6-21 nicht genau zehn Gebote umfassen, sondern eine Einleitung plus elf Satzungen, die überwiegend Verbote und nur teilweise Gebote sind. Zum besseren Verständnis dieser Umstände wird unten der überlieferte *Exodustext* in möglichst wörtlicher Übersetzung aus dem Hebräischen angeführt. Fragen nach den Vorstadien und der Entwicklung des überlieferten Textes fallen aus dem Rahmen unserer Studie[2]. Auch die Abweichungen im Deuteronomium sind hier ohne Bedeutung, weil sie die Struktur nicht verändern. Es werden ein paar Überschriften und *exegetische Nummern* der Texteinheiten hinzugefügt, welche von den katechetischen Nummern in den verschiedenen Konfessionen unabhängig sind. Ex. 20,2-17 läßt sich also in folgender Weise übersetzen:

Die Autorität des Gesetzgebers

(V. 2) Ich bin Jahwe, deine Gottheit, der ich dich aus dem Lande Ägypten, aus dem Hause der Sklaven, weggeführt habe.

I. Die Ehre des einen Gottes

Nr. 1. (3) Es soll für dich keine anderen Götter vor mir geben.

Nr. 2. (4) Du sollst dir kein Kultbild machen, ja kein Bildnis von dem, was im Himmel droben, auf der Erde drunten und im Wasser unter der Erde ist. (5) Du darfst sie nicht verehren und ihnen nicht dienen. Denn ich, Jahwe deine Gottheit, bin ein alles verlangender Gott, der ich bei meinen Feinden die Verkehrtheit der Väter an Söhnen, Enkeln und Urenkeln heimsuche, (6) aber bei meinen Freunden und den Menschen, die meine Gebote halten, Treue gegen Tausende erweise.

Nr. 3. (7) Du sollst den Namen Jahwes deiner Gottheit nicht

---

2 Aus der modernen Literatur zum Dekalog seien nur einige Titel angeführt: *R. H. Charles*, The Decalogue (1923); *S. Mowinckel*, Le décalogue (1927); *H. H. Rowley*, Moses and the Decalogue: Bull. John Rylands Libr. 34 (1951), S. 81—118; *J. J. Stamm*, Dreißig Jahre Dekalogforschung: Theol. Rundschau N. F. 27 (1961), S. 189—239, 280—305; ders., Der Dekalog (²1962); *H. Reventlow*, Gebot und Predigt im Dekalog (1962); *A. Kapelrud*, Some Recent Points of View on the Time and Origin of the Decalogue: Stud. theol. 18 (1964), S. 81—90; *E. Nielsen*, De ti Bud (1965), engl. The Ten Commandments (1968); *A. Phillips*, Ancient Israel's Criminal Law (1970); *W. Wickler*, Die Biologie der Zehn Gebote (1971); *F. Langlemet & R. de Vaux*, Le Décalogue: Rev. bibl. 79 (1972), S. 130—133.

zum Unheil anführen; denn Jahwe wird den nicht ungestraft lassen, der seinen Namen zum Unheil anführt.

Nr. 4. (8) Achte auf den Tag des Sabbats, so daß du ihn heiligst. (9) Sechs Tage sollst du arbeiten und deine ganze Beschäftigung erledigen. (10) Aber der siebente Tag ist Sabbat für Jahwe deine Gottheit. Dann darfst du keine Arbeit leisten, weder du selbst, dein Sohn, deine Tochter, dein Sklave, deine Sklavin, dein Vieh noch dein Schützling, der innerhalb deiner Grenzen wohnt. (11) In sechs Tagen schuf Jahwe den Himmel und die Erde, das Meer und alles, was in diesen Bereichen ist, und dann ruhte er am siebenten Tage. So hat Jahwe den Tag des Sabbats gesegnet und geheiligt.

II. Die Würde anderer Menschen

Nr. 5. (12) Ehre deinen Vater und deine Mutter, damit deine Lebenstage lange währen auf dem Boden, den Jahwe deine Gottheit dir geben will.

Nr. 6. (13) Du sollst nicht töten.

Nr. 7. (14) Du sollst nicht ehebrechen.

Nr. 8. (15) Du sollst nicht stehlen.

Nr. 9. (16) Du sollst gegen deinen Nächsten nicht als falscher Zeuge aussagen.

Nr. 10. (17a) Du sollst nach dem Haus deines Nächsten nicht trachten.

Nr. 11. (17b) Du sollst nach der Frau deines Nächsten nicht trachten, auch nicht nach seinem Sklaven, seiner Sklavin, seinem Ochsen, seinem Esel oder überhaupt etwas, was deinem Nächsten gehört.

b) Einteilung

Die nachfolgende Liste stellt den exegetischen Nummern verschiedene *katechetische Nummern* gegenüber. Links beleuchtet sie die thematische Struktur der beiden Perikopen, Ex. 20,2-17 und Deut. 5,6-21, mit unseren exegetischen Nummern der Einheiten, welche sich durch eine von der Zehnzahl und der Tradition unabhängige Analyse ergeben haben. Rechts werden die katechetischen Nummern angeführt, die in den historisch entwickelten Traditionen a) der Katholiken und Lutheraner, b) der Orthodoxen und Reformierten und c) der Talmudlehrer verschiedene Systeme bilden.

Exegetische Gliederung

	Katechetische Gliederung		
	a) der Katholiken und Lutheraner	b) der Orthodoxen und Reformierten	c) der Talmudlehrer
Einleitung: Ich bin Jahwe (Ex. 20,2; Deut 5,6)	1a, bzw. ausgelassen	1a	1
I. Die Ehre des einen Gottes			
Nr. 1: gegen Götzen (Ex. 20,3; Deut. 5,7)	1b	1b	2a
2: gegen Bilder (Ex. 20,4–6; Deut. 5,8–10)	1c, bzw. ausgelassen	2	2b
3: gegen Mißbrauch des Namens (Ex. 20,7; Deut. 5,11)	2	3	3
4: wegen des Sabbats (Ex. 20,8–11; Deut. 5,12–15)	3	4	4
II. Die Würde anderer Menschen			
Nr. 5: wegen der Eltern (Ex. 20,12; Deut. 5,16)	4	5	5
6: gegen Tötung (Ex. 20,13; Deut. 5,17)	5	6	6
7: gegen Ehebruch (Ex. 20,14; Deut. 5,18)	6	7	7
8: gegen Diebstahl (Ex. 20,15; Deut. 5,19)	7	8	8
9: gegen falsches Zeugnis (Ex. 20,16; Deut. 5,20)	8	9	9
10: gegen Trachten nach dem Besitz des Nächsten (Ex. 20,17a) oder nach seiner Frau (Deut. 5,21a)	9	10a	10a
11: gegen Trachten nach seiner Frau und übrigen Arbeitskräften (Ex. 20,17b) oder nach seinem Besitz und seinen Arbeitskräften (Deut. 5,21b).	10	10b	10b

Über die Bedeutung der Einzelgebote im Alten Testament, im Neuen Testament und in der Gegenwart werden im Schlußteil einige Bemerkungen beigefügt (u. S. 50—69). Zunächst sei im Blick auf die katechetischen Traditionen die Gliederung des gesamten Dekalogs beleuchtet.

Eine thematisch analytische Betrachtung der zwei hebräischen Textabschnitte führt zum Ergebnis, daß unsere zehn Gebote eigentlich *nicht genau zehn* waren, sondern in Deut. 4,13 und 10,4 nur unbestimmt als „die zehn Worte" bezeichnet wurden. Der deuteronomistische Berichterstatter hatte sie nicht in moderner Weise geteilt und gezählt, sondern rief einfach nach althebräischer Sitte durch eine runde Zahl den betreffenden Text komplex in Erinnerung. Ähnlich war der logische Vorgang bei der Rede von den zehn Worten in Ex. 34,28, wo der Ausdruck auf den im Kontext aktuellen sogenannten Dodekalog hinweist (Ex. 34,12-26), der gar nicht aus zehn, sondern aus dreizehn oder sogar fünfzehn Einheiten besteht (o. S. 1). Diese logische Elastizität regte in Israel und Juda niemanden auf.

Als aber in nachexilischer Zeit die jüdischen Schriftgelehrten auf Eigenheiten und Kleinigkeiten in der Formulierung der Bibeltexte aufmerksam gemacht hatten, entstand ein rationales Bedürfnis, die sogenannten zehn Worte des sinaitischen Dekalogs *genau als zehn* darzustellen. In neutestamentlicher und nachbiblischer Zeit sind die jüdischen Schriftgelehrten zur Lösung dieser Frage drei verschiedene Wege gegangen, die auch von den christlichen Theologen probiert wurden. Oben in der Tabelle sowie nachher in unserer Darstellung werden die Lösungsversuche als *die Alternativen a), b) und c)* bezeichnet, wobei das erste Gebot nach a) ein größeres, nach b) ein mittelgroßes und nach c) ein kleineres Stück umfaßt.

In der Antike war die Variation bereits fundamental, denn einige der ältesten griechischen und lateinischen Handschriften des Pentateuchs haben den Exodustext mit Nummerangaben ausgestattet, welche sich auf die verschiedenen Alternativen verteilen. Unter den klassischen Septuaginta-Handschriften vertrat Codex Alexandrinus die Alternative a) und Vaticanus die Alternative c)[3]; von den wichtigsten Vulgatahandschriften numerierten Codex Oscensis und Burgensis nach der Alternative a), Legionensis und viele andere nach b), Gratianensis und Amiatinus nach c)[4]. Durch die ganze nachfol-

---

[3] *H. B. Swete*, The Old Testament in Greek, 1 (1909[4]), S. 143 f.
[4] Biblia sacra iuxta latinam vulgatam versionem, 2 (1929), S. 180—182.

6

gende Kirchengeschichte liefen die mit a) und b) bezeichneten Versuche zur Lösung der Spannung zwischen der Beweglichheit des Gotteswortes und dem Ordnungssinn der Schriftgelehrten nebeneinander her, während der mit c) bezeichnete für das talmudische Judentum charakteristisch blieb und im späteren Christentum nur gelegentlich vorkam.

Wie es die Liste zeigt (o. S. 4), versuchten die jüdischen und christlichen Schriftgelehrten die Einleitung und die elf Satzungen in der Weise auf zehn Gebote zu reduzieren, daß sie entweder am Anfang oder am Ende des Textes einiges ausließen oder zusammenzogen. In allen drei Fällen mußten gewisse Einheiten des hebräischen Textes ausgelassen oder untergeordnet werden.

a) Katholiken und Lutheraner zogen am Anfang der Liste verschiedene Themen zusammen oder verzichteten auf ein paar Teile, um auf zehn Gebote zu kommen. In einer Hinsicht war das Verfahren berechtigt, in einer anderen nicht. Einerseits wurde die feierliche Proklamation „Ich bin Jahwe" ganz richtig als freistehende Einleitung betrachtet, denn sie weist gar keine Imperativform auf. Andererseits empfing Israel — historisch gesehen — Warnungen vor zwei verschiedenen Versuchungen von seiten des Heidentums, als es zuerst bei Nr. 1 hieß: „keine anderen Götter haben", sodann bei Nr. 2: „kein Kultbild machen". Verehrung eines anderen Gottes neben Jahwe und Verehrung eines Bildes von Jahwe waren keine identischen Verletzungen seiner Majestät. Man übersah die historische Eigenart dieser beiden Themen, wenn man sie zusammenzog oder vereinfachte, um einen mathematisch exakten Dekalog zu erhalten.

b) Orthodoxe und Reformierte wollten die elf Motive auf zehn reduzieren, indem sie am Ende der Liste die exegetisch als Nr. 10 und 11 bezeichneten Verbote gegen Begehren oder Trachten nach dem Besitz und der Gattin eines anderen vereinigten. Inhaltlich scheint das logisch, und in der Tat gehören die beiden Verbote eng zusammen, da Nr. 10 ein allgemeines Objekt des Trachtens herausgreift, während Nr. 11 einige spezielle Gegenstände aufzählt. Obwohl das Ganze entweder mit dem Haus (Ex. 20,17a) oder mit der Frau (Deut. 5,21a) eingeleitet wird, was einen Unterschied der sozialen Auffassung in Juda und Israel beleuchtet, läßt sich eine logische Analogie der zwei Varianten nicht bestreiten. Jedoch ist dieser Versuch zur Reduktion — diesmal exegetisch betrachtet — eine Willkür, nämlich wegen der überlieferten Struktur der hebräischen Texte, wie unten bei c) gezeigt wird.

c) Die jüdischen Rabbiner zogen in nachbiblischer Zeit vor, die

Einleitung als erstes Gebot auszugestalten und zur Raumgewinnung sowohl Nr. 2 und 3 wie auch Nr. 10 und 11 zusammenzuschlagen. Sie hatten theologische Gründe dafür, die nachher erklärt werden sollen (u. S. 42—43). Hier ist aber die bei a) gemeldetete historische Kritik zu wiederholen, daß nämlich die Proklamation „Ich bin Jahwe" nicht als Gebot gemeint war und daß sich Nr. 2 und 3 auf die zwei religionsgeschichtlich verschiedenen Versuchungen des Götzen- und Bilderdienstes bezogen. Ferner muß exegetisch im Blick auf die sowohl unter b) wie unter c) auftretende Zusammenziehung von Nr. 10 und 11 angemerkt werden, daß sie der von den Alten redigierten Gestalt der hebräischen Texte widerspricht.

Zweifellos haben nämlich die Masoreten, das heißt die jüdischen Schriftgelehrten, die nach dem Abschluß des hebräischen Kanons ca. 100 n. Chr. sich um die Masora oder die exakte Überlieferung der Textform kümmerten, Nr. 10 und 11 als zwei Gebote auseinandergehalten. Das geht aus der Sammlung der älteren Masora hervor, die im Hochmittelalter von Maimonides (1135—1204 n. Chr.) hergestellt wurde. An denjenigen Stellen des Textes, wo beim Schreiben oder Lesen eine Pause zu beachten war, fügten die Masoreten ein S ein (Abkürzung für sĕtūmā „geschlossener Abschnitt"). Nach der von Maimonides mit größter Sorgfalt gesammelten Masora sollten die zwei Sätze in Ex. 20,17 und Deut. 5,21 (unsere Nr. 10 und 11) wie die übrigen Gebote des Dekalogs durch ein S getrennt werden, damit sie als zwei Gebote erschienen[5]. In den modernen Editionen der Biblia hebraica fehlt das S in Ex. 20,17 und steht nur in Deut. 5,21. Aber das geht auf eine Sammlung der jüngeren Masora zurück, die während der Renaissance von Jakob ben Chajim der zweiten gedruckten Rabbinerbibel (1524—25) beigefügt wurde (u. S. 44—45). Bewußt oder unbewußt schmuggelte Jakob ben Chajim in den Exodustext des Dekalogs eine andere Überlieferung hinein, nämlich die von den Talmudisten vertretene Zählung nach der Alternative c) (u. S. 42—43)· Charakteristisch genug führte er sie nur in dem an der Front stehenden Text zu Exodus, aber nicht in dem zu Deuteronomium durch. Auch unabhängig von dieser Überlieferung des masoretischen Pausezeichens treten im hebräischen Text zu Deut. 5,21 die zwei Warnungen vor Begehren deutlich als zwei selbständige Gebote hervor, denn wie jedes der Verbote 7—10 (nach unserer exegetischen Zählung) wird auch Nr.

---

[5] *Ch. Perrot*, Petūḥōt et setūmōt. Étude sur les alinéas du pentateuque: Rev. bibl. 66 (1969), 50—91, S. 58 f. Aus seiner Tabelle geht hervor, daß Maimonides in der masoretischen Tradition auch bei Ex. 20,17 zweimal das Pausezeichen S vorfand, weshalb der Vers auf zwei Gebote zu teilen sei.

11 mit einem „Und" eingeleitet. Gibt also der heute gebräuchliche Text in Ex. 20,17 nicht dasselbe Bild wie bei Maimonides, so läßt sich immerhin feststellen, daß sowohl die ältere masoretische Interpunktion von Ex. 20,17 wie auch die einheitlich überlieferte Interpunktion und Textgestalt von Deut. 5,21 eine Trennung der zwei Warnungen vor Begehren (Nr. 10 und 11) erfordern. Wer die elf Einheiten durch ein Zusammenschlagen der beiden Schlußworte auf zehn reduzieren will, muß sich über die hebräische Textüberlieferung hinwegsetzen.

✳

In historischer und exegetischer Hinsicht sind also bei allen drei Alternativen die katechetischen Nummern fragwürdig. Gewiß war das Bemühen um eine Abrundung zur Herstellung einer genauen Zehnzahl pädagogisch begründet, aber jede Alternative mußte den Textbestand irgendwie umgestalten. Deswegen läßt sich nicht behaupten, daß eine bestimmte Alternative richtig und eine andere unrichtig sei. Sie wollten alle eine katechetische Vereinfachung herstellen und die exegetischen Schwierigkeiten vermeiden.

Gerade deswegen sind aber die genannten Alternativen historisch und theologisch von Interesse. Denn die Entwicklung der alternativen Vorschläge zur Lösung des Widerspruchs zwischen Inhalt und Zehnzahl beruhte immer wieder auf charakteristischen historischen Verhältnissen und theologischen Erwägungen. Es ist unsere Aufgabe, diese Umstände zu verfolgen. Dadurch ergeben sich Einblicke in die Situation und Theologie mehrerer Protagonisten der Kirchengeschichte, die im Rahmen ihres religiösen Denkens die Alternativen a), b) oder c) vertraten, und das Material zu diesem Studium ist recht vielseitig.

2. Die zehn Worte in den Katechismen

Die drei jüdischen und die entsprechenden christlichen Systeme der Zählung, die Alternativen a), b) und c), lassen sich im Blick auf ihre historische Bedeutung am besten je für sich betrachten. Ein bestimmtes Prinzip der Auswahl ist notwendig, und hier sollen nur die wichtigsten Vertreter der katechetischen Entwicklung im Altertum, im Mittelalter, in den Epochen der Reformation, Gegenreformation und Orthodoxie herausgegriffen werden. Weil diese Perioden der Kirchengeschichte für die heutige Situation der Oekumene entscheidend waren, lassen sich auch in bezug auf moderne Kontakte der

Gläubigen miteinander einige Aspekte entdecken. Zunächst ist aber zu beachten, wie die numerische Einteilung der Gebote jeweils mit ihrer theologischen Beurteilung zusammenhing.

Zählung nach der Alternative a)

Einleitung (Ich bin der Herr) plus Götzen- und Bilderverbot (exegetisch = Nr. 1-2) als *erstes* Gebot (Einleitung und Bilderverbot eventuell ausgelassen);
Warnungen vor Begehren (exegetisch = Nr. 10 und 11) als *neuntes* und *zehntes* Gebot.

Das ist ohne die angedeuteten Auslassungen diejenige Einteilung, die von den jüdischen *Masoreten* eingeführt (o. S. 7—8) und später mit ein paar Auslassungen vom Katholizismus und Luthertum übernommen wurde. In nachchristlicher Zeit mit der Redaktion des hebräischen Bibeltextes beschäftigt, haben diese jüdischen Schriftgelehrten die zehn Gebote zwar nicht mit Nummern versehen, aber durch obenerwähntes Zeichen S eingeteilt und damit angegeben, wo sie die Grenzen zwischen Gebot 1,2 usw. sehen wollten.
Nach der masoretischen Interpunktion sollen Einleitung plus Götzen- und Bilderverbot eindeutig das erste Gebot bilden, weil das S erst nach Ex. 20,2-6 und Deut. 5,6-10 auftaucht. Aber auch der Wortlaut des vollständigen, das heißt bis zur überlieferten Gestalt ausgewachsenen Textes bestätigt, daß man schon in Israel und Juda diese integrierende Gliederung vertrat. Denn der erste Befehl redet in der Mehrzahl von Götzen (Ex. 20,3 mit Par.), der zweite in der Einzahl von einem Kultbild (20,4 mit Par.), beim dritten Befehl aber heißt es wieder in der Mehrzahl: „du sollst sie nicht anbeten" (20,5 mit Par.). So weist der Abschluß des in Frage stehenden Sektors wieder auf den Anfang hin. Obwohl die Verse etwas mehr als die Warnung vor Götzen umfaßten, traten sie wegen dieses vorherrschenden Motivs als eine abgerundete Einheit hervor, zum mindesten seitdem der Text voll ausgebildet war[6].
In bezug auf den Schlußteil des Dekalogs hat wie gesagt die spätere Überlieferung der Masora im Exodustext geschwankt (o. S. 7—8), denn Nr. 10 und 11 wurden in Ex. 20,17 zwar von

---

[6] *W. Zimmerli*, Das zweite Gebot: Festschrift Alfred Bertholet (1950), 550 bis 563, S. 552—557; = Gottes Offenbarung. Gesammelte Aufsätze (1963), 234—248, S. 236—241.

Maimonides, aber nicht von Jakob ben Chajim durch jenes S getrennt. Nichtsdestoweniger trennten beide die Sätze in Deut. 5,21 durch ein S, und auch unabhängig von der Interpunktion war durch ein „Und" diese Einteilung textuell begründet.

Wesentlich stimmt die masoretische Einteilung mit einer christlichen überein, die ansatzweise von *Clemens* Alexandrinus vertreten und als schon bekannt von Origenes vorausgesetzt (u. S. 24—25), systematisch jedoch erst von Augustin durchgeführt wurde. Sie war im lateinischen Mittelalter üblich, blieb auch im Luthertum erhalten.

Augustin, Bischof von Hippo in Numidien (354—430 n. Chr.), führte in die Kirche die später allgemeine Praxis ein, den Dekalog im Unterricht studieren zu lassen[7]. Selber begann er mit einer theologischen Analyse des Dekalogs erst um 400 n. Chr., nämlich in seiner gegen einen Manichäer gerichteten Schrift „Contra Faustum" (XV,4—8). Auch in zahlreichen Predigten behandelte er die Tafeln des Gesetzes (u. a. Sermo IX,5-6; Sermo CCL,3), dann 419 n.Chr. in einem großen exegetischen Werk, „Quaestiones in Heptateuchum" (II,71,1-6). Er schrieb in diesen Büchern der ersten Tafel drei, der zweiten sieben Gebote zu.

Nur scheinbar weisen spätere Schriften von Augustin ein anderes Bild auf. Im pelagianischen Streit führte Augustin 420 n. Chr. den Dekalog ohne Erwähnung des Bilderverbots und mit einer Reservation gegen das Sabbatsgebot an (Contra duas epistolas pelagianorum III,4-10). Und in einem der letzten Jahre seines Lebens zitierte er ohne Kommentar die zwei relevanten Bibelstellen ausführlich mit dem Bilderverbot, aber ohne das Sabbatsgebot (Speculum ad Ex. 20, Deut. 5). Diese zum Teil kurzen, zum Teil langen, aber eben freien Zitate ohne Kommentar beweisen gar nicht, daß Augustin seine in den oben erwähnten Hauptquellen ausgedrückte, mit Überzeugung verteidigte Auffassung über die Einteilung des Dekalogs geändert hätte. Zu bemerken ist auch, daß er in Contra duas epistolas beim Ausdruck „idola" auf das Götzenverbot und nicht auf das Bilderverbot hinwies (wie es Calvin meinte, u. S. 35—36).

Grundlegend war für Augustin eine großartige theologische Erwägung (Sermo IX,6), die vom Neuen Testament inspiriert und in der Didache (einer Kirchenordnung der syrischen Christenheit von ca. 100 n.Chr.) formuliert war, obwohl sie in letzterwähnter Quelle anders verwertet wurde, nämlich: Die zwei Tafeln des Gesetzes entsprechen den zwei Geboten der Liebe (so nach Matth. 22, 37-40, wo es über die Liebe zur Gottheit und die Liebe zum Näch-

---

[7] *P. Rentschka*, Die Dekalogkatechese des hl. Augustinus: Dissertation (1904), S. 1 f.; Buchausgabe (1905), S. 53 f.

sten heißt: „an diesen zwei Geboten hängen das ganze Gesetz und die Propheten"; ähnlich nach Did. 2,1-3, darüber u. S. 23).

Infolge dieser Einordnung des Dekalogs unter das souveräne Liebesgebot bezog Augustin theologisch konsequent die erste Tafel auf die göttliche Dreieinigkeit, so daß hier drei Gebote als Einheit zu betrachten und auf die Liebe zu Gott, seinem Sohn und seinem Geist zu beziehen seien (Sermo IX,5). Wie vor ihm Clemens von Alexandrien (über diesen auch u. S. 24), fand also Augustin das zweite Gebot in der Warnung gegen Mißbrauch des göttlichen Namens (unserer Nr. 3). Das schien ihm schon deswegen nötig, weil er in damals üblicher Weise „den Herrn deinen Gott" als Christus verstand, die zweite Person der Gottheit (Contra Faustum XV,7). Logisch trat damit als drittes Gebot das Sabbatsgebot hervor, das im Blick auf den Gottesdienst sowieso zur Trinität paßte, nämlich zum heiligen Geist als dritter Person der Gottheit.

Als viertes Gebot und erstes der zweiten, auf die Menschen bezogene Tafel erschien dem großen Afrikaner die Mahnung, die Eltern zu ehren (unsere Nr. 5). Obwohl es von Augustin nicht erwähnt wurde, vertrat Jesus dieselbe Einteilung, denn er stellte im Gespräch mit dem reichen Jüngling dieses Gebot (Nr. 5) mit den Verboten gegen Mord usw. (Nr. 6-9) zusammen, und indem er alles dem Gebot der Liebe zum Nächsten unterordnete, schrieb er also das Elterngebot der zweiten Tafel zu (Matth. 19,18 f. mit Par.). Augustin erinnerte lediglich daran (Sermo IX,5), daß Paulus (in Eph. 6,2) die Aufforderung zum Gehorsam gegen die Eltern das erste Gebot genannt hatte, was Augustin als erstes Gebot der zweiten Tafel verstand, obwohl Paulus das erste mit der angeführten Verheißung verknüpfte Gebot gemeint hatte (u. S. 58). Freilich wußte Augustin, daß Origenes und andere Theologen (u. S. 25) eine Einteilung der Themata Götzendienst, Bilderdienst, Mißbrauch des Namens und Elternehrung auf vier Gebote vorzogen, um die zwei Verbote des Begehrens als zehntes Gebot behandeln zu können (Quaestiones in Heptateuchum II,71,1: utrum quattuor sint usque ad praeceptum de sabbato... an potius tria). Augustin fand es aber wichtiger, auf der ersten Tafel die im Blick auf die göttliche Trinität ergiebige Dreizahl zu behalten, als dann auf der zweiten Tafel die thematisch störende Parallelität zwischen den beiden Warnungen vor Begehren zu vermeiden (II,71,2).

Von den meisten lateinischen Theologen der *Spätantike* und des *Mittelalters* wurde Augustins Verteilung der zehn Gebote auf drei für Gott und sieben für den Nächsten übernommen[8]. — 1) Isidor

---

[8] E. *Dublanchy*, Décalogue, II: Dict. de théol. cath., 4,1 (1924), 164—176, Sp. 166.

von Sevilla (ca. 560—636) erklärte ausdrücklich, daß drei Gebote auf die Liebe zur göttlichen Dreieinigkeit, sieben auf die Bruderliebe bezogen seien. Diese augustinische Auslegung findet sich in seinen „Quaestiones in Vetus Testamentum" (in Exodum, XXIX,1). — 2) Petrus Lombardus in Paris (ca. 1095—1160) nahm ausdrücklich Partei gegen Origenes und für Augustin, wie es seine „Sententiae" bezeugen (III,37). Weil diese Vorlesungen lange als Lehrbuch benutzt wurden, beherrschte die Auffassung des Lombarden das spätere Mittelalter. So wies zum Beispiel die in Straßburg gedruckte, prachtvolle „Biblia latina cum glossa ordinaria W. Strabonis" etc. (um 1480) bei Ex. 20,2 zunächst auf Augustin, Isidor und ihre Einteilung in drei plus sieben Gebote hin, obwohl danach auch Origenes und andere zitiert wurden. — 3) Ein kurz vor und in der ersten Reformationszeit dominierendes katholisches Lehrbuch der praktischen Theologie: das 1502 von Johann Ulrich Surgant, Priester zu St. Theodor in Basel, geschriebene „Manuale curatorum" (gedruckt 1503), führte im zweiten Teil die zehn Gebote deutsch und französisch nach augustinischer Zählung an (Bl. 80b bis 81b). — 4) Sebastian Münster (1489—1552) übersetzte 1526 in Basel einen Kommentar des berühmten mittelalterlichen Rabbiners Abraham Ibn Ezra zum Dekalog, „Decalogus praeceptorum divinorum" (gedruckt 1527). Obwohl der hebräische Text die Gebote nach der Alternative c) zählte (u. S. 45—46), ließ Münster den Drucker (J. Froben) die üblichen augustinischen Nummern am Rande neben der lateinischen Übersetzung aussetzen (Bl. 5 ff.).

Martin *Luther* in Wittenberg (1483—1546) war in seiner Jugend als Augustinereremit und Theologiedozent vor allem von Augustin und Lombardus abhängig. Er fand auch später keinen Anlaß, die von diesen Autoritäten verwendete Einteilung des Dekalogs zu ändern. Seit 1516 legte Luther in zahlreichen Veröffentlichungen die zehn Gebote aus[9], besonders ausführlich in der einsichtsreichen, ergreifenden Studie „Von den guten Werckenn" vom 29. März 1520 (Weimarer Ausgabe seiner Schriften, 6, S. 198-276). Er zitierte den Dekalog in der Regel nicht vollständig nach dem Bibeltext, sondern etwas abgekürzt, weil sich im Mittelalter eine pädagogisch vereinfachte Gestalt des lateinischen oder deutschen Textes eingebürgert hatte. Über diesen kürzeren Text predigte Luther vom Juli 1516 bis Fasnacht 1517, gab 1518 und 1520 seine Erklärungen heraus·

---

[9] Die Bekenntnisschriften der Evangelisch-lutherischen Kirche hrsg. im Gedenkjahr der Augsburgischen Konfession 1930 (2. Aufl. 1952), S. 560 A. 1, zitiert fünfzehn Schriften Luthers über den Dekalog, welche damals in der Weimarer Ausgabe seiner Werke erschienen waren.

„Eyn kurcz Form der zcehen Gepott", und hatte damit für alle seine deutschen Arbeiten zum Dekalog die Textform festgelegt (Weim. Ausg. 7, S. 204–214). Eine vollständige deutsche Textform des Dekalogs entstand mit seiner Übersetzung des Pentateuchs von 1523, und diese wurde von zahlreichen Verfassern späterer Katechismen übernommen, jedoch nicht von Luther selber in seinen entsprechenden Schriften. Trotz der Bibelübersetzung behielt der Reformator die pädagogische Kurzform des Dekalogs auch in seinen nachfolgenden Auslegungen. Darunter befinden sich vor allem drei Reihen von Predigten über katechetische Stücke aus dem Jahre 1528 und zwei darauf beruhende Lehrbücher, der Kleine und der Große Katechismus, die beide 1529 mit dem Dekalog als erstem Hauptstück erschienen (Weim. Ausg. 30,1, S. 1-425).

Während des Mittelalters hatte der Dekalog in der kirchlichen Beichtpraxis seine Hauptrolle gespielt, und davon blieb Luther in früheren Schriften abhängig. In seinem Volksbuch „Der kleine Catechismus" von 1529[10] ging es aber Luther um „Die zehen Gebot, wie sie ein Hausvater seinem Gesynde einfeltiglich fürhalten sol" (Weim.Ausg. 30,1, S. 283). Auch in seinem größeren, auf den Predigtreihen des Jahres 1528 beruhenden „Deudsch Catechismus" von 1529[11] schärfte Luther ein: „Darümb auch ein yglicher Hausvater schüldig ist, das er zum wenigsten die Wochen einmal seine Kinder und Gesinde umbfrage und verhöre, was sie davon wissen odder lernen, und wo sie es nicht konnen, mit Ernst dazu halte" (Weim. Ausg. 30,1, S. 129). Somit erhielt der Dekalog einen neuen Sitz im Leben, wurde vom Beichtstuhl gelöst und in die Wohnstube verlegt. Aufgrund dieser pädagogischen Zielsetzung reduzierte Luther, wie es in den Beichtspiegeln und Bilderkatechismen des 15. Jahrhunderts üblich gewesen war, den Dekalog auf das Wesentliche und ließ im Textzitat sowohl die feierliche Einleitung wie auch das wortreiche Bilderverbot (Nr. 2) ausfallen.

Bei der Auslassung des einleitenden Gotteswortes „Ich bin der Herr" usw. kam der rein theologische Grund hinzu, daß Luther diese Proklamation überhaupt nicht als Präzeptum, sondern nur als Evangelium auffassen konnte. In einer lateinischen Tischrede bemerkte er 1533 gegen den in Augsburg herausgekommenen, von den Juden, von Zwingli und Bucer beeinflußten Katechismus des Bonifacius Wolfhart (u. S. 46–47), der als erstes Gebot die Einlei-

---

[10] O. *Albrecht*, Der kleine Katechismus 1529: D. Martin Luthers Werke, 30,1 (Weimar 1910), S. 239–425.
[11] O. *Bremer*, Deudsch Catechismus (Der Große Katechismus) 1529: ebd., S. 123 bis 238.

tung zählte (Tischrede 26. — 29. Jan. 1933, Weim.Ausg. Tischr. 3,
Nr. 2942 a und c): „Der Katechismus der Augsburger stimmt nicht
mit unserem überein. Sie stellen ja das erste Gebot aus einer Verheißung des Evangeliums her: Ich bin der Herr dein Gott, als ob diese
Worte eine Vorschrift wären. Das Evangelium verspricht, das Gesetz verlangt und befiehlt." Nur die zehn Gebote im engeren Sinne
sollten als Gesetz gelten und in dieser Funktion die Erkenntnis
der Sünde wecken[12].

Hinsichtlich der Auslassung des Bilderverbots (exegetisch Nr. 2)
in Luthers kleinem Katechismus sind folgende Umstände zu berücksichtigen: — 1) Im hebräischen Text trat dieses Verbot nicht selbständig auf, sondern bildete einen Teil des ersten Gebots (o. S. 9).
— 2) Augustin und die ganze spätere lateinische Tradition, von
der Luther ausging, hatten das Bilderverbot als pädagogisch ent-
behrlich aufgefaßt. — 3) Nach seiner Rückkehr von der Wartburg
im März 1522 predigte Luther in Wittenberg gegen den Bilderdienst,
gleichzeitig aber gegen den Bildersturm (Weim.Ausg. 10,3, S. 30-36).
Er zeigte, welche Absurditäten die Bilderstürmer hervorriefen (S.
33): „Weytter: der Wein und Weyber bringen manchen zu Jamer
und machen in zu seym Narren, darumb wollen wir alle Weyber
tödten und allen Weyn verschütten." Die verheerenden Erfahrun-
gen machen es begreiflich, daß Luther die sächsischen Hausväter
nicht zu Bilderstürmern erziehen wollte. — 4) Am wichtigsten ist
aber der Umstand, daß Luther den Bilderdienst im weitesten Sinne
auffaßte, so daß für ihn Bilderdienst mit Götzendienst zusammen-
fiel. Obwohl er im Kleinen Katechismus das Bilderverbot nicht
anführte, stellte Luther im Großen Katechismus den Götzendienst
und den Bilderdienst betont auf dieselbe Linie: „Also ist es umb
alle Abgötterey gethan, denn sie [be]stehet nicht allein daryn, das
man ein Bild auffrichtet und anbetet, sondern furnemlich ym Hert-
zen, welchs anders wo hin gaffet, Hülffe und Trost suchet bey
den Creaturn, Heiligen odder Teuffeln" (Weim.Ausg. 30,1, S. 135).
Er hatte auch wiederholt erklärt: „Alleine das Trawen und Gleu-
ben des Hertzens machet beide Gott und Abegott" (ebd., S. 133).
Aus dem Bilderverbot übernahm er sogar die für ihn ganz wichtige Zusammenfassung des Dekalogs, aus welcher die bei jedem
Gebot wiederholte Pflicht hervorgeht, Gott zu fürchten und zu lieben: „Ich der Herr dein Gott bin ein eiveriger Gott" (S. 179 f.,
361 f.). So hat er das Bilderverbot doch berücksichtigt, nur aus
pädagogischen Gründen nicht im vollen Umfang angeführt.

---

[12] *Albrecht* (A. 10), S. 353 f.; *ders.*, Vorbemerkungen zu beiden Katechismen:
Luthers Werke, ebd., S. 446 f.; *ders.*, Luthers Katechismen (1915), S. 101.

Beim neunten und zehnten Gebot, wie sie Luther nach Augustin zählte (unsere Nr. 10 und 11), dachte er in früheren Jahren an eine doppelte Warnung vor der Erbsünde der sinnlichen Begierde (im Anschluß an Röm. 7,7)[13]. Luther war als Augustinereremit von der augustinischen Tradition abhängig, nach der ein Christ vor allem die böse Lust zu überwinden habe (Weim. Ausg. 6, S. 276). Seit den Predigten des Jahres 1528 aber dachte Luther beim neunten und zehnten Gebot an historische Verhältnisse in Israel und aktuelle Verhältnisse in Deutschland. Er stellte nunmehr diese Gebote als zwei verschiedene, im Großen Katechismus auch mit zwei Holzschnitten illustrierte Bestimmungen gegen Werksünden der Christenheit dar. Statt auf die Begierde als Sinnlichkeit wurde die Aufmerksamkeit auf die Gegenstände jener „Schalkheit" oder Frechheit gerichtet, mit welcher jemand das Eigentum, die Gemahlin und die Angestellten eines anderen gewaltsam oder arglistig in Besitz nimmt. Das neunte Gebot verstehe also unter „Haus" das ganze Eigentum eines Mannes, das zehnte Gebot unter „Weib, Knecht" usw. das ganze Personal, seine Angehörigen oder Angestellten. Beim neunten Gebot handle es sich im Blick auf Geld und Macht um eine Bestimmung gegen Mißbrauch der politischen, juristischen und finanziellen Erwerbsmöglichkeiten, die ein jeder hat, beim zehnten Gebot im Blick auf Ehefrau und Arbeiter um eine Bestimmung gegen Versuche zur persönlichen Aufwiegelung und arglistigen Anwerbung der einem Mitmenschen zugeordneten Individuen (Weim. Ausg. 30,1, S. 83 ff.). Wesentlich schien aber dem Reformator die positive Aufgabe: daß man dem Nächsten dazu helfen sollte, seinen bürgerlichen Status zu bewahren. „Also lassen wir diese Gepot bleiben ynn dem gemeinenn Verstand, das erstlich gepoten sey, das man des Nehisten Schaden nicht begere, auch nicht dazu helffe noch Ursach gebe, sondern yhm gönne und lasse war er hat, dazu foddere und erhalte was yhm zu Nutz und Dienst geschehen mag, wie wir wolten uns gethan haben" (ebd., S. 178; vgl. S. 245—246). Das scheint im Blick auf die sexuelle und soziale Gärung der Welt von heute eine sehr moderne Mahnung zu sein (u. S. 60—68).

Luthers allgemeines Verständnis des Dekalogs war schon 1520 in der Abhandlung „Von den guten Werckkenn" zum Ausdruck gekommen. Die zehn Gebote wurden hier als organische Einheit begriffen und auf den im ersten Gebot, „Du solt nit andere Gotter haben", verlangten Glauben bezogen (Weim.Ausg. 6, S. 209 f.): „Glaub, Trew, Zuvorsicht des Herzen grundlich ist warhafftige Erfullunge dieses ersten Gebottis, on welchen szonst kein Werck ist,

---

[13] *Albrecht* (A. 10), S. 360.

das diessem Gebot muge gnugthun. Und wie disz Gebot das aller
erst, hochst, best ist, ausz welchem die andern alle fliessen, in yhm
gan und nach yhm gericht und gemessigt werden, alszo ist
auch sein Werck (das ist der Glaub odder Zuversicht zu Gottis
Hulden zu aller Zeit) das aller erst, hochst, beste, ausz welchem
alle andere flissen, ghan, bleyben, gericht unnd gemessiget werden
mussenn, unnd andere Werck kegen (gegen) diessem sein eben, als
ob die anderen Gebot weren on das erste und kein Got were." Zum
ersten Gebot brachte Luther dann im Kleinen Katechismus die be-
kannte Erklärung: „Wir sollen Gott über alle Ding fürchten, lieben
und vertrauen." Bei jedem folgenden Gebot wiederholte er diese
Worte in etwas kürzerer Form und fuhr mit einem Konsekutivsatz
fort: „Wir sollen Gott fürchten und lieben, (so) daß wir" ... Hält
man das erste Gebot, dann hält man jedes der folgenden Gebote.
Und zwar vermeidet man nicht nur die jeweils in Frage kommenden
Sünden, sondern tut auch die entsprechenden guten Werke, denn es
heißt in diesen Erklärungen immer wieder: „(so) daß wir nicht . . .,
sondern . . ."

Ausgangspunkt war der Luther eigene Gottesbegriff, der in seiner
enormen Dynamik direkt von der biblischen Theologie ausging und
bisher von keiner Theologie übertroffen wurde: Gott gibt sich hin
in Liebe und Gnade (das ist das opus proprium Dei), aber gegen die
Sünde äußert sich die Liebe als Zorn und Strafe (sein opus alienum,
im Anschluß an Jes. 28,21; Weim.Ausg. 30,1, S. 640). Der unend-
lich Heilige ist ein abgrundtiefes Mysterium, das größte Furcht
und höchste Lust erregt, und wir müssen ihn als Deus absconditus
und Deus revelatus auf einmal fürchten und lieben.

Wegen dieser Einsicht in die ambivalente Heiligkeit der göttlichen Majestät stellte Luther schließlich den Zusatz zum Bilderverbot: „Ich der Herr dein Gott bin ein eifriger Gott" usw., als Zusammenfassung des ersten Gebots und auch des ganzen Dekalogs
dar. Hier droht Gott mit den allerstrengsten Strafen über seine
Gegner und verspricht die allergrößte Gnade über seine Freunde
(die Menschen, die ihn lieben), weshalb also Gott selber dazu auf-
fordert, ihn zu fürchten und zu lieben.

In seinem Großen Katechismus hat Luther das näher entfaltet
(Weim.Ausg. 30,1, S. 180 f.): „Das ist auch eben die Meinung und
rechte Auslegung des ersten und furnemsten Gepots, daraus alle
andere quellen und gehen sollen ... Also hat die ganze Schrifft ube-
ral dis Gepot gepredigt und getrieben, alles auff die zwey Stück,
Gottes Fürcht und Vertrawen, gerichtet ... Darümb mustu auch dis
Stück lassen gehen durch alle Gepot, als die Schele odder Bögel (das

gebogene Holz) ymm Krantz, das End und Anfang zuhauffe füge und alle zusammen halte, auff das mans ymmer widderhole und nicht vergesse." Das volkstümliche Bild von einem Kranz und einem darin befindlichen, die Blätter und Blumen zusammenhaltenden Reif sollte zeigen, wie im ersten Gebot alle Gebote ihre Quelle besitzen, davon ihren Bestand und ihre Struktur erhalten. In diesem Sinne ließ Luther im Kleinen Katechismus bei jedem Gebot die ambivalente Heiligkeit der göttlichen Majestät wieder einprägen: „Wir sollen Gott fürchten und lieben, so daß wir..." Nur als Wirkungen der unermeßlichen, kraftgeladenen Gnade Gottes können die nötigen Leistungen des Menschen zustande kommen.

Mit dem *Einfluß Luthers* auf das Luthertum kann sich diese Darstellung nicht beschäftigen, weil es sich praktisch um die ganze Geschichte der lutherischen Christenheit handeln müßte. Nur im Blick auf die Außenwelt soll die Wirkung der lutherischen Tradition durch ein paar Beispiele beleuchtet werden.

Luthers zwei Katechismen wurden in kurzer Zeit weit verbreitet[14]. Sie inspirierten auch manche Theologen und Erzieher der Reformierten und Katholiken. Diese beeilten sich, eigene Katechismen herauszugeben, indem sie manchmal einige Gedanken Luthers und noch öfter seine Verteilung des Stoffes auf einen großen und einen kleinen Katechismus übernahmen.

In der Zählung der zehn Gebote trennte sich das Reformiertentum bald von Luther, jedoch nicht überall auf einmal. Die reformierten Lehrbücher kamen zunächst in Zürich, Basel und Straßburg heraus, und in diesem Dreieck begegnet 1534—37 die später übliche reformierte Zählung in Werken von Jud, Calvin und Bucer (u. S. 30—36). Trotzdem folgte etwa der Kanton *Basel* erst gegen 1600 Calvin, obwohl dieser 1536 seine berühmte Institutio mit der neuen Zählung gerade am Rheinknie gedruckt hatte. Hier blieb man nämlich so lange wie möglich dem kleinen und großen Katechismus des Basler Reformators Johannes Oekolampad (1482—1531) treu, der ohne Diskussion die augustinisch-lutherische Zäh-

---

[14] In den 17 Jahren zwischen dem Erscheinen des kleinen Katechismus 1529 und dem Tode Luthers 1546 kamen von dem Büchlein in verschiedenen Sprachen wenigstens 88 Drucke heraus: *J. Benzing*, Lutherbibliographie (1966), Nr. 2589 bis 2666. — Als ein Beispiel für die Verbreitung des Lehrmittels im 17. Jahrhundert sei der unike achtsprachige Katechismus der Kgl. Bibliothek in Stockholm genannt: *M. Luther*, Catechesis minor octo linguarum hebraice videlicet reddita et cum explicatione in graecum, latinum, germanicum, italicum, gallicum, bohemicum et sveticum sermonem conversa (ohne Ort und Jahr). — Während der ganzen Neuzeit spielte das Enchiridion sogar im Heimatland des Katholizismus eine beachtliche Rolle: *V. Vinay*, Il piccolo Catechismo di Lutero come strumento di evangelizzazione fra gli italiani dal XVI al XX secolo: Protestantesimo 25 (1970), S. 65—84.

18

lung beibehalten hatte. Die zahlreichen späteren Auflagen seiner Katechismen weisen eine langsame und zögernde, nicht einmal nach 1600 ganz durchgeführte Verschiebung zugunsten der reformierten Zählung der Gebote auf, was die Lebenskraft der traditionellen augustinisch-lutherischen Dekalogzählung bestätigt[15].

Soweit die Basler Drucke noch erhalten sind, ergibt sich folgendes Bild des Konservatismus in der katechetischen Tradition. Oekolampads kleiner deutscher Katechismus, „Frag und Antwort in Verhörung der Kinder", erschien zuerst anonym in der Basler Agende von 1537 (E. Staehelin, Oekolampad-Bibliographie, ²1963, No. 186), dann unter dem Namen Oekolampads in Christoffel Wyssgärbers Katechismus, zwar nicht in der ersten Auflage von 1538 (ebd. No. 187), aber in der zweiten von 1540 (No. 188). Sein großer Katechismus enthielt über den kleinen hinaus vier Lehrstücke über Taufe, Glauben, die zwei Tafeln und das Unservater, hatte aber sonst denselben Text. Er erschien zuerst 1544 in einer lateinischen Übersetzung des Oswald Myconius, wie Calvins bekanntes Buch als „Institutio christiana" präsentiert (Oek.-Bibl. No. 194), sodann 1545 auf deutsch in der Basler Agende dieses Jahres[16], und zwar wieder mit dem Titel „Frag und Antwort in Verhörung der Kinder". Inwiefern die Zusätze von Myconius stammten, bleibt eine offene Frage, jedenfalls bildete alles eine sachliche Einheit. Seit 1550 und bis 1627 brachten mit einer Ausnahme alle Basler Agenden zur Sicherheit sowohl den großen deutschen wie auch den kleinen deutschen Katechismus Oekolampads in extenso. Aus der Zeit 1550 bis 1581 sind neun Ausgaben bekannt (Oek.-Bibl. No. 204 usw.), wozu noch zwei Ausgaben von 1602 und 1627 kommen, und alle enthalten beide Katechismen; nur eine Ausgabe von 1619 bringt nicht den kleinen Katechismus.

Oekolampad hatte ohne Bedenken die zehn Gebote nach der augustinisch-lutherischen Ordnung angeführt und ausgelegt, und diese Einteilung behielt man in der Humanistenstadt mit auffallender Pietät. Zu beachten sind drei verschiedene Abschnitte seiner Katechismen, nämlich 1) die Anführung, 2) die Einteilung und 3) die Auslegung des Dekalogs. — 1) Angeführt wurden die zehn Gebote nur im großen Katechismus, während der kleine ein mündliches Re-

---

[15] Über die Katechismen Oekolampads schrieb *E. Staehelin*, Briefe und Akten zum Leben Oekolampads, 2 (1934), S. 779 f.; ders., Das theologische Lebenswerk Johannes Oekolampads (1939), S. 586—589; ders., Oekolampad-Bibliographie, 2. Aufl. (1963), S. 91—114 (No. 186 usw.).

[16] Form der Sacramenten Bruch, wie sy zu Basel gebrucht werden, mitsampt eynem kurzen Kinder-Bericht gebessert und gemehrt (1545); *Staehelin* (A. 15), Briefe und Akten, 2, S. 805.

zitieren voraussetzte. Sie wurden im großen Katechismus zunächst nach lutherischer Ordnung ohne das Bilderverbot abgedruckt, nämlich in den lateinischen Ausgaben von 1544 und 1570. Nach reformierter Ordnung mit ausführlichem Zitat des Bilderverbots führte man sie erst seit der deutschen Ausgabe von 1564 und der lateinischen von 1587 an. — 2) Eingeteilt wurden die zehn Gebote auch nur im großen Katechismus, und zwar nach augustinisch-lutherischer Ordnung als drei plus sieben, zunächst in der ersten lateinischen Ausgabe von 1544 und der ersten deutschen von 1545, dann in vielen späteren Editionen. Auch nachdem man das Zitieren des Dekalogs nach reformiertem Wortlaut eingeführt hatte — deutsch 1564, lateinisch 1587, wie bei 1) angegeben —, behielt man die augustinisch-lutherische Einteilung auf drei plus sieben bei. Das gilt für beinahe alle Ausgaben des 16. Jahrhunderts. Erst nachdem ungefähr zehn Ausgaben in Gebrauch gestanden hatten, entdeckte man den Widerspruch zwischen reformierter Aufzählung und lutherischer Einteilung, so daß im deutschen Text von 1584 (Oek.-Bibl. No. 221) die Gebote nach dem Vorbild Calvins auf vier und sechs geteilt wurden. Jedoch blieben sie im lateinischen Text noch 1587 und 1600 drei plus sieben; hier traten sie erst 1636 als vier plus sechs auf. — 3) Ausgelegt wurde der Dekalog von Oekolampad ebenso nach der lutherischen Ordnung, vor allem ohne Bezugnahme auf das Bilderverbot, wobei die Auslegung im großen Katechismus mit dem im kleinen identisch war. Noch in der unter 2) erwähnten deutschen Agende von 1584 blieb Oekolampads Auslegung in beiden Katechismen unverändert. Bis zu dieser Zeit amtierte in Basel der lutherisch gesinnte Antistes Simon Sulzer (1553—85). Nach seinem Tode fand es der streng reformierte Nachfolger Johann Jakob Grynäus (1586—1617) angebracht, in die Agende von 1590 beim großen deutschen Katechismus eine Auslegung des Bilderverbots einzufügen, die auch von den Agenden 1602 und 1627 übernommen wurde. Auf den großen lateinischen Katechismus, welchen die Gymnasiasten und Studenten zu lesen hatten, wurde diese reformierte Ergänzung erst 1636 übertragen. Im kleinen deutschen Katechismus Oekolampads duldete man aber überhaupt keine Änderung, sondern hier blieb die Erklärung des Dekalogs immer unberührt. Sogar in der Agende von 1627, die von Johann Jakob Grynäus und Johannes Wolleb geprägt und ausgesprochen reformiert war, blieb die Kinderlehre auf die lutherische Einteilung der Gebote gegründet. Noch 1725 wurde der kleine Katechismus Oekolampads veröffentlicht, diesmal unter dem Titel Christliches Nachtmahl-Büchlein. Ausnahmsweise wurden hier die zehn Gebote, obwohl es nur um den kleinen Katechismus ging, ausführlich zitiert und reformiert gezählt. Jedoch blieb die Auslegung immer noch unverändert: Es war die klassische des Oekolampad, und wie bei Luther folgte also hier auf das Götzenverbot nicht das Bilderverbot, sondern die Warnung vor Mißbrauch des Namens[17].

Vertreter des *Katholizismus* wurden nach dem Erscheinen der Katechismen von Luther dazu inspiriert, ähnliche Lehrbücher auszuarbeiten, die zur Stärkung des katholischen Glaubens und der kirchlichen Moral dienen sollten. Auch hier wurde die augustinische und lutherische Zählung der zehn Gebote diskussionslos beibehalten. Drei charakteristische Beispiele dafür mögen angeführt werden. — 1) *Erasmus* schrieb 1533 in der badensischen Bischofsstadt Freiburg einen Katechismus mit dem Titel „Explanatio symboli, decalogi praeceptorum et dominicae praecationis". Im sechsten Kapitel berührte er den Kirchenbegriff und das Liebesgebot, und an letzteres konnte er wie Augustin ganz organisch den Dekalog anschließen (Leydener Ausgabe seiner Werke, 5, Sp. 1186—1195). Erasmus änderte mit keinem Wort die augustinisch-lutherische Zählung. Ganz wie Luther in früheren Schriften zog er die beiden Warnungen vor Begehren thematisch zusammen und hielt sie doch numerisch auseinander, indem sie als neuntes und zehntes Gebot bezeichnet wurden (ebd., Sp. 1194 f.). — 2) Petrus *Canisius* von der Societas Jesu veröffentlichte für das katholische Deutschland 1555 einen großen Katechismus, „Summa doctrinae", und 1560 einen kleinen Katechismus. „Kurzer Unterricht"[18]. Beide wurden später mehrmals überarbeitet und herausgegeben. Auch in diesen zwei Katechismen findet sich das Liebesgebot als Ausgangspunkt für den Dekalog mit der augustinischen und lutherischen Einteilung der zwei Tafeln. Beim ersten Gebot wird freilich auch das Bilderverbot angeführt, und dann wird in der Erklärung ein von Anbetung freier Gebrauch der Bilder verteidigt. — 3) Der im Auftrag des Trienter Konzils 1566 veröffentlichte *Catechismus romanus* wurde in der Antwerpener Edition von 1574 pädagogisch verdeutlicht[19]. Nach einem ausdrücklichen Hinweis auf Augustin (III,2) wurde hier jedes der zehn Gebote nach der überlieferten augustinischen Zählung sehr ausführlich und sehr dogmatisch erklärt (III,2-10). Ob-

---

[17] Christliches Nachtmahl-Büchlein oder Frag und Antwort in Verhörung der Kindern der Kirchen zu Basel kurz gestellet durch Johann Oecolampadium sel. Andenckens (1725), S. 6 f.

[18] *P. Canisius*, Catechismi latini et germanici, ed. F. Streicher S. J., 1—2, = Societatis Jesu selecti scriptores, II, 1, 1—2 (1933—36).

[19] *A. Fabricius Leodius*, Catechismus romanus ex decreto concilii tridentini editus, nunc elucidatus (1574), S. 286—381.

wohl dieser römische, als Antithese gegen die beliebten lutherischen Kinderbücher entstandene Katechismus die erwartete Verbreitung nicht fand, darf er als klassisches Dokument des Katholizismus bezeichnet werden. Trotz der anders orientierten Dogmatik beleuchtet auch der Catechismus romanus den Einfluß der unvergleichlich volkstümlichen Katechismen, die an der kleinen Universität von Wittenberg entstanden waren.

Zählung nach der Alternative b)

Einleitung (Ich bin der Herr) plus Götzenverbot (exegetisch = Nr. 1) als *erstes* Gebot;
Bilderverbot (exegetisch = Nr. 2) als *zweites* Gebot;
Warnungen vor Begehren (exegetisch = Nr. 10 und 11) als *zehntes* Gebot.

Das war die Einteilung der *hellenistischen Juden* und der griechischen Kirche, die später von Calvin und den reformierten Christen aufgenommen wurde. Im ersten christlichen Jahrhundert wollten die hellenistischen Juden die zehn Gebote als fünf plus fünf verstehen und die zwei Tafeln auf Gott und Welt verteilen. Sie fanden das natürlich, weil jede Hand fünf Finger hat, und auch vernünftig, weil Fünf die Hälfte von Zehn als Symbol der Ganzheit ist. Eine mathematische Harmonie zwischen Gott und Welt konnte somit dargestellt werden, und zwar im Anschluß an ein metaphysisches Prinzip, das später die Analogie des Seins (analogia entis) genannt worden ist.

Philo von Alexandrien (ca. 15 v. — 45 n. Chr.), führender Denker des hellenistischen Judentums, kommentierte die Bücher Moses in drei verschiedenen Reihen. Seine erste, sehr umfassende Kommentarreihe war allegorisch orientiert, und dort schrieb Philo grundsätzlich der ersten Tafel des Gesetzes fünf Satzungen zugunsten Gottes, der zweiten Tafel fünf Satzungen zugunsten des Menschen zu, besonders in „Quis rerum divinarum haeres" (167—175). Seine zweite, etwas kürzere Kommentarreihe war moralisch orientiert, und indem Philo hier ganz ausführlich die zehn Gebote behandelte, nämlich in „De decalogo" und anschließend in „De specialibus legibus" I-IV, zählte er sie ebenso als fünf plus fünf (De decalogo 50). Er wollte mit Hilfe der Äquation bestätigen, daß sie Symbole der ewigen Ideenwelt seien (ebd.).

Die erste Tafel des Gesetzes beginne nach Philo mit Einleitung und Götzenverbot als Zeugnis für die „Monarchie" Gottes, und darauf müsse als zweites Gebot das Bilderverbot folgen. Indem also Philo nachher unsere Nr. 5, die Mahnung zugunsten der Eltern, zum fünften Gebot machte, wollte er auch dieses für die erste Tafel reservieren. Es wurde ihm durch seine Vorstellung von der Analogie des Seins möglich, denn er dachte sich die Eltern als Abbild Gottes, des Urhebers jeder Existenz (De decalogo 51a. 52-120. 154-167).

Die zweite Tafel beziehe sich hingegen auf die Einzelheiten des Lebens und das Verhältnis zu den Menschen (51b. 121-153, 168 bis 174). Philo verstand dabei Nr. 7, das Verbot des Ehebruchs, als eine Warnung vor Unzucht und stellte es auf der zweiten Tafel an die Spitze, denn seine platonisch gefärbte Philosophie verlieh ihm ein primäres Interesse für die Ablehnung der Sinnlichkeit. Aus dem Grunde kam es zu einer Umstellung im Verhältnis zum hebräischen Text: die Warnung vor Unzucht (Nr. 7) wurde bei Philo sechstes und das Verbot der Tötung (Nr. 6) siebentes Gebot. Offenbar war schon vor der Zeit Philos diese Umstellung im hellenistischen Judentum üblich. Sie besitzt einen vorchristlichen Vertreter in einem hebräischen Textauszug, dem sogenannten Papyrus Nash, der aus Ägypten stammt, und dann mehrere nachchristliche Vertreter in griechischen Handschriften zu Exodus und Deuteronomium. In der alten Kirche findet sich die Umstellung auch bei Lukas, Paulus und ein paar frühen Theologen der griechischen Christenheit (u. S. 22—23). Philo führte in besonderen Abhandlungen über einige der Hauptgebote seine Zählung konsequent durch, und in De specialibus legibus handeln Buch I über erstes und zweites Gebot, II über drittes bis fünftes Gebot, III über siebentes und sechstes Gebot, IV über achtes bis zehntes Gebot. Von einer großen Animosität gegen die Sinnlichkeit erfüllt, nannte er die als zehntes Gebot zusammengefaßten Warnungen vor Begehren die Vollendung der zehn Worte (IV,78b) und legte sie gründlich aus (79-132).

Josephus, der am römischen Kaiserhof wirkende Historiker des Judentums (37 — ca. 95 n. Chr.), nahm diese jüdisch-hellenistische Dekalogzählung als eine Selbstverständlichkeit hin (Antiquitates judaicae III, 91 f. 101). Andererseits stellte er nicht wie Philo die Verbote der Tötung und der Unzucht um.

Hellenistisch beeinflußte Schriftsteller des Neuen Testaments vertraten aber dieselbe Umstellung der fünf Gebote der zweiten Tafel (Nr. 6-10) wie Philo, nämlich *Lukas* und *Paulus.* Jesus führte im Gespräch mit dem reichen Jüngling vier Gebote der zweiten Tafel und nachher das Elterngebot an (Nr. 6-9, dann 5). Während er nach Matthäus und Markus im Sinne der hebräischen Tradition mit dem Thema des Mordes anfing (Matth. 19,18; Mark. 10,19), ließ er nach

Lukas die zweite Tafel im Sinne der hellenistischen Tradition mit dem Thema der Unzucht beginnen (Luk. 18,20). Paulus folgte auch dieser hellenistischen Ordnung (Röm. 13,9a), wobei er die zweite Tafel „das andere Gesetz" nannte und auf das zweite Liebesgebot (Liebe zum Nächsten) zurückführte (13,8b,9b).

In der *griechischen Kirche* wurde die jüdisch-hellenistische Zählung der Gebote als fünf plus fünf weiterentwickelt. — 1) Sie erschien um 100 n. Chr. in einer griechisch überlieferten Gemeindeordnung der syrischen Christenheit, der Didache (2,1-3). Hier wurden die Verbote der Tötung usw. (unsere Nr. 6-10) als Folgerungen des zweiten Liebesgebots (Liebe zum Nächsten) dargestellt, ohne die erwähnte Umstellung, aber mit einzelnen Erweiterungen. — 2) Theophilus von Antiochien entfaltete ca. 180 in seiner für einen gebildeten Griechen geschriebenen Apologie des Evangeliums das System noch etwas ausführlicher (Ad Autolycum II,34b-35a). Von der ersten Tafel zitierte er nur die Einleitung und das Bilderverbot, sprach aber im Kontext genau wie Philo von der „Monarchie" Gottes. Der zweiten Tafel schrieb er mit Philo fünf Gebote zu, die er zweimal ausdrücklich zitierte. Auch die bei Philo vorliegende Änderung der Reihenfolge findet sich bei Theophilus, indem die Warnung vor Unzucht (Nr. 7) an die Spitze der fünf Gebote der zweiten Tafel gerückt wurde. Setzen wir die exegetischen Nummern der Motive ein, dann weist nach dem zweiten Zitat des Theophilus, das sich enger als das erste an den Bibeltext hält, die zweite Tafel folgende Ordnung der Gebote auf: Nr. 7, 6 (im ersten Zitat 7, 6 und wieder 7), 8, 9, 10 (im ersten Zitat 8, 10, 9).

Irenäus aus Kleinasien, Bischof in Lyon (ca. 140—200), ließ in seiner Widerlegung des Gnostizismus um 185 n. Chr. den Dekalog ebenso aus fünf plus fünf Geboten bestehen (Adversus haereses II, 24,4). Er wollte aber damit nur zeigen, wie häufig die Fünfzahl in der Bibel vorkommt. Bewußt auf die Zahlenmystik verzichtend, lehnte er die für Philo und dann für die Gnosis kennzeichnende spekulative Anwendung der Gebote als Symbole der ewigen Ideenwelt ab. Er faßte sie vielmehr pädagogisch als Vorstadien der göttlichen Gerechtigkeit auf (IV,15,1-16,5). Irenäus drückte sich in der Hauptsache so aus: „Gott wollte durch den Dekalog den Menschen zur Freundschaft mit ihm und Eintracht mit den Nächsten erziehen" (16,3). Das doppelte Liebesgebot wurde also dem ganzen Dekalog zugrunde gelegt. Ferner schrieb er: „Um jeden Menschen auf das wahre Leben vorzubereiten, hat der Herr persönlich zu allen in gleicher Weise die Worte des Dekalogs gesprochen; und zu dem Zweck sind letztere in gleicher Weise bei uns erhalten. Sie erfahren durch sein Kommen im Fleisch eine Ausdehnung und Aufwertung, aber keine Auflösung" (16,4).

Clemens von Alexandrien hingegen (ca. 160—215) behandelte ungefähr 205 n. Chr. den Dekalog wieder metaphysisch, wie es 175 Jahre vorher der von ihm geschätzte Philo ausführlich getan hatte. Er sah in den fünf plus fünf Geboten einen Beweis für die Analogie des Seins, so daß sich Makrokosmos und Mikrokosmos entsprechen (Stromata VI,16,133,1).

Ohne es zu merken, hat Clemens bei der Zählung der zehn Gebote zwei Systeme gemischt, die sich grundsätzlich widersprachen und sich nachher deutlich als Konkurrenten gegenüberstanden. Clemens zählte nämlich die Gebote der ersten Tafel, für ihn fünf, im Sinne unserer Alternative a), so daß er hier als Vorgänger von Augustin und dem Luthertum erscheint. Aber die Gebote der zweiten Tafel, für ihn wieder fünf, wurden nach der Alternative b) numeriert, also wie früher bei den hellenistischen Juden, bei Lukas und Paulus, später auch bei den reformierten Christen. Indem er jedem der Gebote eine metaphysische Erklärung widmete, präsentierte Clemens die Themen der ersten Tafel zunächst in dieser Reihenfolge und mit dieser Numerierung: 1. Götzendienst, 2. Mißbrauch des Namens, 3. Sabbatsruhe (Stromata IV,16,137,2-145, 6). Das entspricht der später von Augustin und dessen Nachfolgern verteidigten Ordnung. Nachdem er die ausführliche Erklärung zu seinem 3. Gebot abgeschlossen hatte, vergaß Clemens diese Numerierung, ließ die Ziffer 4 ausfallen und erwähnte als Gebot 5 das Elterngebot (146,1-2). Auf den Schöpfer als Vater und die Weisheit als Mutter der Welt umgedeutet, wurde das zugunsten der Eltern eines Mannes gesprochene Gebot im Sinne Philos zur ersten Tafel gerechnet. Bei den Geboten der zweiten Tafel setzte Clemens zunächst keine Nummern aus, zitierte sie aber gerade in jener neuen Ordnung, die Philo, Lukas, Paulus und Theophilus vertreten hatten (o. S. 22—23): (7) Unzucht, (6) Tötung, (8) Diebstahl. Nr. 9 ließ er wie Paulus aus (Röm. 13,9a), wohl auch weil ihn die Warnung vor falschem Zeugnis wenig interessierte, und erwähnte schließlich als Gebot 10 die ihm als Platoniker besonders am Herzen liegende Warnung vor Begierde (145,3—148,6). Durch seine Zählung der Gebote erscheint also Clemens bezüglich der ersten Tafel als Vorgänger von Augustin, bezüglich der zweiten Tafel als Nachfolger von Philo und Paulus, teilweise als Vorgänger von Calvin. Vermutlich paßte er sich zwei verschiedenen Überlieferungen an, ohne auf den Widerspruch zu achten.

Origenes von Alexandrien (ca. 185—254) war in dieser Hinsicht kritischer, und seine Auslegung der Gebote zeichnete sich wie seine Exegese durch ein Streben nach Präzision aus. Als er um 245 n. Chr. über den Exodus predigte, lehnte er ohne Erwähnung der Namen die „nicht wenigen" Theologen ab, welche Götzenverbot und Bilderverbot für ein gemeinsames Gebot hielten: „Homilia VIII in Exodum" (II,1). Er hätte Clemens als Beispiel nennen können, wollte ihn aber nicht persönlich angreifen. Gegen jene Einteilung führte Origenes folgendes Argument an: man bringe dadurch nicht zehn Gebote zusammen und müsse die Wahrheit des Dekalogs auflösen. Wie seinerzeit Philo machte er also das Götzenverbot zum ersten und das Bilderverbot zum zweiten Gebot (II,1; III,1). Obwohl er in der angeführten Homilie nur über diese zwei Einheiten predigte, muß wegen seines Interesses für die Zehnzahl angenommen werden, daß er wie Philo und Clemens die zwei Warnungen vor Begehren als zehntes Gebot zusammenfassen wollte. Für alle diese Platoniker war übrigens eine asketische Haltung kennzeichnend: nicht erst von den Gegenständen des Begehrens, sondern bereits von der Begierde als Sinnlichkeit sollte der wahre Christ unberührt bleiben. Wegen dieses Radikalismus hat Origenes die zwei Warnungen vor Begehren als Einheit und Summe empfinden müssen.

Die philonische und origenistische Zählung der Gebote hat sich im griechischen Katholizismus und überhaupt in der *Ostkirche* erhalten, wobei aber den zwei Tafeln nicht immer fünf plus fünf, sondern meistens vier plus sechs Gebote zugeschrieben wurden. Hier seien als Beispiele ein paar Dokumente der spätgriechischen, byzantinischen und neugriechischen Theologie angeführt. — 1) Gregor von Nazianz (in Kappadozien) schrieb ca. 385 n. Chr. ein kurzes Lehrgedicht über den Dekalog, das in volkstümlicher Katechese verwendet werden sollte (Poemata dogmatica I,15). Hier wurden die Verbote der Götzen und Bilder (unsere Nr. 1 und 2) wie bei Origenes getrennt, die Gebote gegen Tötung und Unzucht (Nr. 6 und 7) jedoch nicht umgestellt. Die metrische Anordnung bestätigt, daß Gregor die vier ersten Logien auf Gott und die sechs letzten auf die Menschen bezog, obwohl das Elterngebot immer noch eine Zwischenstellung einnahm. Augustin dachte wohl an eine ähnliche griechische Tradition, als er die Einteilung der zehn Gebote auf vier plus sechs ablehnte (o. S. 11). — 2) „Opus imperfectum in Matthaeum", eine Sammlung von 54 Homilien über das erste Evangelium, wurde vermutlich um 395 n. Chr. in Pannonien von einem Homöer (Gegner der unter Kaiser Theodosius triumphierenden Orthodoxie) auf griechisch verfaßt und später ins Lateinische übersetzt[20]. Erasmus erkannte, daß man es unrichtig Chrysostomus zugeschrieben hatte. Die zehn Gebote wurden auch hier nach der griechischen Tradition gezählt, denn als erstes Gebot galt die Anerkennung des einen Gottes, als zweites die Ablehnung der Götzen. Für ihre Verteilung auf die zwei Tafeln interessierte sich der Kommentator weniger als für die Erfüllung der Gesamtzahl. Nach seiner Meinung sollte dem Sinaigesetz mit den zehn Geboten eine Katechese von zehn Monaten entsprechen, und dieser Zeitraum von zehn Monaten wurde mit hermeneutischem Scharfsinn als eine zehn Monate dauernde Schwangerschaft der Gemeinde dargestellt (Patrologiae series graeca 56, Sp. 910). — 3) Procopius von Gaza (in Palästina), einer der bedeutendsten Herausgeber von jenen Sammlungen, die Katenen genannt wurden, stellte ca. 525 n. Chr. einen Kommentar zu Exodus mit besonderer Berücksichtigung des Dekalogs zusammen: „Commentarius in Exodum" (Kap. 20). Er bemerkte wie Origenes, daß zugunsten der Zehnzahl das Götzen- und Bilderverbot als zwei Gebote gelten müssen (zu Ex. 20,2). Ausführlich legte er die vier ersten Gebote aus, die Gott für sich vorbehalten habe (zu Ex. 20,12), um die sechs anderen nur kurz anzuführen. — 4) In einem byzantinischen Lehrbuch der Isagogik (der biblischen Einleitungswissenschaft), das lange Athanasius zugeschrieben wurde, aber eher um 700 entstanden ist, wurde das Bilderverbot ohne weiteres zweites Gebot genannt: Ps.-Athanasius, „Synopsis sacrae scripturae" (VI,4). — 5) Noch in einem modernen, für Griechen im Westen bestimmten Katechismus von C. N. Callinicos (London 1926), werden die Gebote wie in dieser Tradition als vier plus sechs gezählt[21]. Freilich hat wohl in der Neuzeit auch die Konvergenz mit der reformierten Zählung zur Erhaltung der griechischen Tradition beigetragen.

Auf die *Westkirche* wirkte die origenistische Teilung des Dekalogs in vier plus sechs Gebote während der Antike nur gelegentlich ein. Sie findet sich ungefähr 380 n. Chr. bei einem lateinischen Theologen, der seit Erasmus Ambrosiaster genannt wird, teils in seinem Kommentar zum Epheserbrief (VI,2), teils in seinen „Quaestiones Veteris et Novi Testamenti" (VII, 1-2)[22]. Die erstgenannte Schrift wurde früher unter dem Namen des Ambrosius, die andere unter dem Namen des Augustin verbreitet. Wie aber oben festgestellt, verlor gerade durch Augustin die origenistische Zählung im

---

[20] Jedoch sind die Entstehungsverhältnisse umstritten. F. Wotke, Opus imperfectum in Matthaeum: Paulys Realencycl. 18 (1939), Sp. 824—826.
[21] C. N. Callinicos, The Greek Orthodox Catechism (1926), S. 51, 59.
[22] E. Deckkers, Clavis (1961), Nr. 185.

Westen ihre Bedeutung zugunsten einer dem masoretischen Text analogen Einteilung (Alternative a).

Als später in der Schweiz die *Reformierten* der origenistischen Zählung der Gebote als vier plus sechs (Alternative b) neues Gewicht verliehen, geschah es zunächst ohne Abhängigkeit von Philo, Origenes oder Ambrosiaster, und erst nachträglich wurde die Übereinstimmung mit den Alten festgestellt. Ursache der Änderung war vielmehr das *Bilderverbot.* Dieses wurde a) 1523 im Zürcher Bildersturm aktualisiert und b) 1525 ohne neue Numerierung in den Dekalogtext des Zürcher Katechismus aufgenommen, dann c) 1527 von Zwingli als ein so wichtiges Gebot dargestellt, daß er als Alternative eine neue Numerierung erwog.

a) Wegen eines im September 1523 ausgebrochenen Bildersturms in *Zürich* mit Umgebung und wegen einer gleichzeitig herausgegebenen Broschüre von Ludwig Hätzer aus Bischofszell (ca. 1500—1529), „Ein Urteil Gottes unseres Eegemahels, wie man sich mit allen Götzen und Bildnussen halten sol" (Zürich im Sept. 1523), veranstaltete der Grosse Rat in Zürich die sogenannte zweite Zürcher Disputation vom 26. — 28. Oktober 1523. Leo Jud aus Schlettstadt im Elsaß (1482—1542), neulich zum Pfarrer an der St. Peters-Kirche in Zürich gewählt, sollte das Problem der Bilder und Ulrich Zwingli aus Wildhaus im Toggenburg (1484—1531), Kanonikus an Zürichs Großmünster, die Frage der Messe behandeln; das Protokoll schrieb Hätzer (später wurde er Baptist und schließlich wegen Bigamie enthauptet). Jud rückte eifrig das Bilderverbot des Dekalogs ins Zentrum der Debatte, wobei er auf Hätzer, Zwingli und die Bibel hinwies und von Hätzers Pamphlet die Formulierung des Bilderverbots übernahm (Zwingli, Werke 2, S. 690 f.). Er lehnte jede Toleranz ab: „Das Gebott Gottes Exo. 20 blibt in Ewigkeit styff stan und unverruckt" (ebd., S. 694). Auch auf Paulus berief er sich, aber indem er nur auf die griechische Etymologie, nicht auf den paulinischen Sprachgebrauch achtete, wurde das entscheidende Wort eidola als „Bilder" statt als „Götzen" gedeutet. Zwingli äußerte sich ähnlich (ebd., S. 707.714. 719-722). Nachher kämpfte er in mehreren Schriften für das Verbot der Bilder. Er faßte es allerdings in den Jahren 1523—25 noch als Abschnitt des ersten Gebots auf (ebd., S. 654-658; 3, S. 155-184. 529-535; 4, S. 84-152; Brief von Bucer in Band 8, Nr. 333, bes. S. 172—175).

Zur allmählichen Verselbständigung des Bilderverbots im Zürcher Dekalogtext trug ein katechetischer Einfluß aus *Böhmen* bei. — 1) Jan Hus (ca. 1369-1415), Prediger an der Bethlehemskapelle in Prag und 1409 Rektor der Universität, schrieb ca. 1410 eine „Expositio decalogi" (Opera omnia, 1, 1903, S. 1-45). Ohne daß er die augustinische Numerierung änderte, zitierte er aus der lateinischen Bibel das erste Gebot nach dem vollständigen Wortlaut einschließlich des langen Bilderverbots (S. 2) und griff im Kommentar die „Ymagines" an (S. 6 f.). — 2) Lukas von Prag (1460—1528) schrieb 1502 oder kurz nachher auf böhmisch seine berühmten „Kinderfragen". Davon kam 1522 eine deutsche Version heraus: „Ein christliche Untterweysung der klaynen Kinder im Gelauben, durch ein Weysz einer Frag" (Text bei G. von Zezschwitz, Die Katechismen der Waldenser und Böhmischen Brüder, 1863, S. 39-57), und davon sind bis 1530 neun Auflagen bekannt[23]. Wie vorher Hus, zitierte auch Lukas das erste Gebot ohne Auslassung des schwerfälligen Bilderverbots (Frage 17). Im anderen Zusammenhang führte er das Bilderverbot gegen die kirchliche Praxis an, sich vor dem Kruzifix (Frage 60) oder dem im Abendmahl gegenwärtigen Erlöser zu verbeugen (Fragen 61-62). Luther forderte in einem Brief von 1522 und einer Schrift von 1523, die Anbetung Christi im Sakrament jedenfalls freizustellen (Weim.Ausg. Briefe 2, S. 560; Werke 11, S. 448). Er betonte 1526 anläßlich seiner Trennung von Karlstadt und den Schweizern, er hätte schon in jener Schrift von 1523 ähnliche „Significatistas" widerlegt (Werke 19, S. 471 f.) — 3) Ein paar Ausgaben der böhmischen Kinderfragen in Deutschland unterdrückten wegen der Lutheraner die Streitfragen, hingegen wollte man in der Schweiz auf die Bestimmungen gegen Anbetung nicht verzichten. Hier sind die ersten Drucke nicht mehr erhalten, aber in Zürich erschienen 1527 eine Bearbeitung für St. Gallen (Text bei J. Müller, Die deutschen Katechismen der Böhmischen Brüder, 1887, S. 191-208) und 1530 ein Neudruck der älteren deutschen Version, nach dem Titelblatt ein Abdruck des „Originals" von 1522[24]. Ein paar Jahre nach 1522 dürften also die Zürcher mit den böhmischen Kinderfragen bekannt gewesen sein. Auch zeigten Zwingli und Jud bei der Zürcher Disputation von 1523, zwar ohne Lukas und Böhmen zu nennen, daß sie wie die Prager die Anbetung Christi am Kreuz und im Sakrament für eine Übertretung des Bilderverbots hielten (Zwingli, Werke 2, S. 696, 757). Noch der kleine Katechismus Leo Juds von 1535 (u. S. 31) zeigt im Untertitel und in der Einleitungsfrage deutliche Abhängigkeit von den

---

[23] *J. Müller*, Die deutschen Katechismen der Böhmischen Brüder. Kritische Textausgabe (1887), S. 4 f.; *F. Cohrs*, Die evangelischen Katechismusversuche vor Luthers Enchiridion, 1 (1900), S. 9—12.
[24] *Müller* (A. 23), S. 4 f.

böhmischen Kinderfragen („in Fragens Wysz"; „ein vernünfftige Creatur").

b) *Jud* gab 1525 in Zürich als katechetische Wandtafel eine neue Übersetzung des Dekalogs und anderer Texte heraus (Abdruck in J. Geffcken, Der Bildercatechismus des funfzehnten Jahrhunderts, 1855, Sp. 203-205). Zwingli nannte im selben Jahre die neue Version des ersten Gebots ausdrücklich ein Erzeugnis seines Mitarbeiters im Evangelio (Zwingli, Werke 4, S. 85.100). Jud hatte noch keine Nummern geändert, ließ aber im Sinne der zweiten Zürcher Disputation das erste Gebot auch das lange Bilderverbot umfassen. Seine von Hätzer abweichende, originelle Formulierung des Bilderverbots ist wegen der verdeutlichenden Zusätze als pädagogische Paraphrase zu beurteilen. Hier zeigt sich auch eine Konvergenz mit der böhmischen Auslegung des Bilderverbots, die wohl als Influenz verstanden werden kann. Für die böhmischen Kinderfragen war nämlich bei der Wiedergabe von „anbeten" die Berücksichtigung der im Hebräischen vorliegenden Bedeutung „sich verbeugen" typisch: „Du solt dich yn (ihnen) nit neygen und auch nit eeren." Jud folgte dieser Anweisung, fügte aber zur Sicherheit ein paar altvertraute Wendungen bei: „Du solt dich vor inen nitt bucken, inen nitt dienen, sy weder eeren noch anbätten." Hier scheint die böhmische Ablehnung der Verbeugung, vorher auf Kruzifix und Sakrament bezogen, für Jud entscheidend gewesen zu sein. Andererseits erhielt Juds neuer Text bald eigene Nachfolger. Schon im Erscheinungsjahr 1525 wurde der Dekalog der Zürcher Wandtafel in Augsburg abgedruckt, nämlich von Hans Gerhart aus Kitzingen in seiner Bearbeitung der böhmischen Kinderfragen: „Schöne Frag und Antwort" (F. Cohrs, Die evangelischen Katechismusversuche, 1, 1900, S. 160 f., 155 f.). Daß hier die böhmische und die zürcherische Tradition so ausdrücklich kombiniert wurden, beruhte sicher auf dem Bewußtsein einer Übereinstimmung zwischen Böhmen und Zürich. Ebenso bestimmte Juds Wandtafel die Formulierung des Bilderverbots im Augsburger Katechismus des Bonifacius Wolfhart von 1533 (u. S. 33 f., 47). Mit wenigen Änderungen hat Jud in Zürich seinen Dekalogtext von 1525 für seinen Großen Katechismus von 1534 in Anspruch genommen, bei dem zum erstenmal die Nummern geändert wurden (u. S. 30—31). Auch in Basel wurde Juds Dekalogtext von 1525 übernommen, nämlich von Christoffel Wyssgärber (o. S. 18) als Anhang zu seinen Katechismen von 1538 (Bl. D2a-3a) und 1540 (Bl. F2a-3b), jedoch ohne Änderung der augustinischen Numerierung.

Die reformierte Verselbständigung des Bilderverbots war also durch katechetische Zitate des ausführlichen Bibeltexts vorbereitet, bevor der Vorschlag Zwinglis kam, diesem Gebot eine besondere Nummer zu geben.

c) Anno 1527 schlug *Zwingli* in zwei exegetischen Abhandlungen zunächst im Sinne einer Alternative vor, das Bilderverbot als zweites Gebot zu numerieren und die beiden Aussagen gegen Begehren als zehntes Gebot zusammenzufassen: „Amica exegesis" (Febr. 1527; Werke 5, S. 754-756) und „Farrago annotationum in Exodum" (Sept. 1527; Werke 13, S. 390 f. 397)[25]. Zwingli motivierte es mit einem Hinweis auf die Tradition der „Hebräer" und auf die „Quaestiones" des Augustin (Werke 13, S. 391). Leider führte er nicht korrekte Belege an: Nur die jüdischen Hellenisten (o. S. 21 f.) vertraten in der Dekalogzählung die Alternative b), aber nicht die von Zwingli angeführten „Hebräer", sondern für die Masoreten (o. S. 9 f.) galt die Alternative a), für die Talmudisten (u. S. 42 f.) die Alternative c). Und die „Quaestiones" stammten nicht von Augustin, sondern von dem sogenannten Ambrosiaster (o. S. 26). Später konnte aber Calvin aus der griechischen Tradition bessere Belege für die Alternative b) anführen (u. S. 36 f.).

Unter dem Einfluß Zwinglis schrieb Heinrich *Bullinger* (1504–1575) als Pfarrer in Kappel südlich von Zürich eine außerordentlich gelehrte Abhandlung über den Bilderdienst, die 1529 in Basel gedruckt wurde, „De origine erroris in divorum ac simulacrorum cultu". Eine erweiterte zweite Auflage gab er 1539 in Zürich als ersten Teil eines größeren, wegen des religionshistorischen Stoffs noch sehr imposanten Werkes heraus, dessen zweiter Teil eine neue Version seiner 1528 in Basel erschienenen Studie über die Messe bildete. In der Auflage von 1529 bekämpfte Bullinger ausführlich den Bilderdienst und trug dadurch auch seinerseits zu der 1527 von Zwingli vorgeschlagenen und, wie unten gezeigt wird, 1534 von Jud durchgeführten Verselbständigung des Bilderverbots im Dekalog bei. In der Auflage von 1539 übernahm Bullinger die neue Numerierung ohne Kommentar und bezeichnete folglich das Bilderverbot als zweites Gebot: „De origine erroris libri duo" (Bl. 126a bis 128a).

Mit einem Vorwort Bullingers hatte inzwischen Leo Jud für die Kirche in Zürich seinen Großen Katechismus von 1534 herausgegeben: „*Catechismus*. Christliche, klare und einfalte Ynleytung in

---

[25] In der Edition der Amica exegesis hat *F. Blanke* über Zwingli und den Dekalog interessantes Material zusammengestellt: Huldreich Zwinglis sämtliche Werke, 5 (1934), S. 754–758, das hier ergänzt wurde.

den Willen unnd in die Gnad Gottes". Hier wurde zum erstenmal aber ohne Angabe über die Änderung der Vorschlag Zwinglis zur neuen Zählung der Gebote durchgeführt (Bl. 2b); allerdings blieb der Wortlaut der Gebote einfach derselbe wie auf der bekannten Zürcher Wandtafel von 1525 (o. S. 29). Also umfaßte die Reform nur die Zweiteilung des ausführlichen ersten Gebots und die Verschiebung der nachfolgenden Nummern, und diese moderne Einteilung fiel den mit dem gewohnten Textinhalt konfrontierten Zürchern wenig auf. Jud hatte 1525 die drei Gebote der ersten Tafel auf die Ehre Gottes, die sieben der zweiten Tafel auf unsere Haltung zum Nächsten bezogen, und im Katechismus vom 1534 änderte er nur die Zahlen, so daß er vier plus sechs erhielt. Er berief sich dabei nicht mehr wie Augustin und dessen Nachfolger auf das Liebesgebot, nicht mehr wie Luther auf die Zuversicht des Herzens, sondern auf die majestätische Ehre Gottes und das anständige Leben des Bürgers. So war die neue Zählung doch mit einem neuen Inhalt verbunden. Eltern und Kindern in Zürich wurde ein moralisch exklusives Programm vorgeschrieben: „Dess söllend sich nun alle Glöubigen flyssen, das sie nach dem Willen ires gnädigen lieben Gotts läbind und eerlich und frommklich vor Imm wandlind" (Bl. 2a). Die neue Zählung wurde 1535 in die zweite Zürcher Agende aufgenommen: „Christennlich Ordnung und Brüch der Kilchen Zürich" (Bl. B4a-Clb; Zwingli, Werke 4, S. 699 f.). In seinem kleinen Katechismus von 1535, „Ein kurtze christenliche Underwysung der Jugend", später mit der Überschrift „Der kürtzer Catechismus", prägte Jud wieder einmal die strengen Grundsätze über den Dekalog ein: „Wie ist man fromm und redlich?" (Bl. G1a bzw. F5b). Erst sekundär wurde hier das Liebesgebot erwähnt (Bl. G3a bzw. F7a)[26].

Bald verbreitete sich die von Zwingli vorgeschlagene und von Jud durchgeführte Einteilung des Dekalogs nach anderen oberdeutschen Städten.

Matthäus *Zell*, der Münsterpfarrer und Reformator Straßburgs (1477–1548), diente im September 1529 als Gastgeber von Oekolampad und Zwingli, als diese beiden von Landgraf Philipp eingeladenen Vertreter Basels und Zürichs in Straßburg weilten, um dann weiter nach Marburg zum Religionsgespräch mit Luther und

[26] In der modernen Literatur über Jud wird als Erscheinungsjahr seines kleinen Katechismus 1540 angegeben, was aber nicht stimmt. *J. M. Reu*, Quellen zur Geschichte des Katechismus-Unterrichts, I, 3, Abt. 1, 2 (1935), S. 702 f.; und Abt. 2, 3 (1924), S. 993–1060, zitiert eine in Dresden und München gefundene Ausgabe von 1535. Basel hat ein Exemplar von 1537 (Falk. 831, 4).

Melanchthon zu fahren[27]. Vielleicht machte Zwingli bei der Gelegenheit den Straßburger Münsterpfarrer auf die neue Einteilung der Gebote aufmerksam, die er 1527 in seinen Vorlesungen über Exodus vorgeschlagen hatte (Farrago, o. S. 30). Bald nach der Veröffentlichung kann auch Juds großer Katechismus von 1534 in Straßburg bekannt gewesen sein. Jedenfalls führte Zell 1535 im ersten Band seines eigenen großen Katechismus dieselbe Abgrenzung des ersten und zweiten Gebotes ein, wie sie von den griechischen Vätern, von Zwingli und Jud vertreten wurde: „Frag und Antwortt inn den zehen Gebotten" (Bl. A3 — B5). Er legte auch 1537 seinem kleinen Katechismus diese Zählung der Gebote zugrunde: „Gekürzt Fragbüchlin" (Bl. A2 — C1).

Unter dem Einfluß von Zwingli und dessen Freunden stand ferner der junge Franzose Jean *Calvin* (1509—64), der 1535 in Straßburg und Basel mit der ihm eigenen Schärfe der Logik und Sprache seine „Institutio" ausarbeitete und 1536 in Basel bei Thomas Platter (angeblich in der St. Alban-Vorstadt) veröffentlichte. Schon das für den französischen König Franz I. geschriebene Vorwort Calvins bedeutete einen Anschluß an Zwingli, der zwei von seinen dogmatischen Schriften demselben König gewidmet hatte (Commentarius 1525; Fidei expositio 1531, gedruckt 1536). Wohl hat auch Bucers großer Straßburger Katechismus von 1534 Calvin beeinflußt[28]. Aber das trifft nicht für die Dekalogzählung zu, die bei Bucer damals nicht dem reformierten, sondern dem rabbinischen System entsprach (u. S. 46—49); umgekehrt dürfte Calvins Zählung später auf Bucers kleinen Katechismus von 1537 eingewirkt haben (u. S. 48). Vielmehr liegt in der Dekalogzählung der Institutio Calvins von 1536 eine Konvergenz mit Juds großem Zürcher Katechismus von 1534 vor. Dabei bleibt allerdings unklar, ob der Lateinisch und Französisch glänzend schreibende, des Deutschen jedoch nicht kundige Calvin das Zürcher Büchlein gelesen hatte; aber er kann durch Freunde in Basel davon gehört haben. Jedenfalls zählte Calvin in der Basler Originalausgabe seiner Institutio von 1536 die Gebote genau wie Jud als vier plus sechs und machte das Bilderverbot selbständig, ohne auf die katholische und lutherische Zählung hinzuweisen oder die Änderung zu begründen: „Christianae religionis institutio" von 1536 (S. 50-72). Nur insofern hielt er an der augustinischen Tradition fest, als er das Liebesgebot immer noch als Fundament des Dekalogs darstellte (S. 72 f.).

---

[27] *E. Staehelin*, Briefe und Akten zum Leben Oekolampads, 2 (1934), S. 361.
[28] *J. Courvoisier*, Les catéchismes de Genève et de Strasbourg: Bull. de la Soc. de l'hist. du prot. franç. 84 (1935), S. 105—121.

Auch in seinem ersten Genfer Catechismus, „Instruction et confession de foy" von 1537 (ed. A. Rilliet & Th. Dufor, 1878, S. 14-29), präsentierte Calvin das Bilderverbot als zweites Gebot (S. 17). Optimistisch sah er im Dekalog „une très-parfaicte reigle de toute justice" (S. 14), „l'exemplaire d'une juste et saincte vie" (S. 29), „un degré pour venir à Christ" (S. 31). Die als Auszug aus der Instruction erschienene „Confession de la foy" von 1537 nahm den vollständigen Bibeltext des Dekalogs ohne Numerierung auf (ed. Rilliet & Dufour, S. 105 f.). Lateinisch erschienen in Basel 1538 „Instruction" und „Confession" zusammen unter dem Titel „Catechismus", und dieses Buch inspirierte wiederum Jud, als dieser kurz nachher seinen lateinischen „Catechismus" herausgab (Zürich, vermutlich 1538)[29].

In allen diesen frühen Basler und Genfer Drucken gab Calvin noch keine Gründe für die neue Numerierung des Dekalogs an; erst 1539 wies er in seiner unten zu erwähnenden Straßburger Bearbeitung der Institutio auf die Väter hin, wie es in einem von Bucer inspirierten Augsburger Katechismus inzwischen geschehen war.

Gleichzeitig mit Calvins Genfer Katechismus von 1537 erschien in *Augsburg* als Erzeugnis von Straßburger Theologen unter der Leitung von Martin Bucer aus Schlettstadt (1491—1551) ein katechetisches Summarium, wo zum ersten Mal mit einiger Genauigkeit ein paar Kirchenväter als Vorbilder der reformierten Dekalogzählung angeführt wurden (Text in E. Sehling, Die evangelischen Kirchenordnungen des XVI. Jahrhunderts, 12,2, 1963, S. 67-71). Nach dem glücklichen Abschluß der Wittenberger Konkordie von 1536 hatte Bucer während des Sommers 1537 in Augsburg seine reformiert orientierte Unionspolitik weiter getrieben. Die dort führenden Pfarrer waren seine ehemaligen Straßburger Kollegen Bonifacius Wolfhart aus Baden (ca. 1490—1543) und Wolfgang Mäuslin/ Musculus aus Lothringen (1497—1563). Wegen der im folgenden erwähnten Verhältnisse dürfte als Redaktor des katechetischen Summariums besonders Mäuslin in Frage kommen.

Der vor dem Gottesdienst zu verlesende Dekalog erhielt im Augsburger Summarium von 1537 eine auffallende Unionsform. Neun der Gebote wurden im Anschluß an Luthers Übersetzung des Pentateuchs von 1523 angeführt. Aber das als zweites Gebot gezählte Bilderverbot paßte sich der von Jud in Zürich eingeführten Tradition an (Text bei Sehling, S. 67 f.), denn hier wurde die Sprachform beinahe dieselbe wie bei Jud 1525 und 1534, bei Wolfhart in seinem Augsburger Katechismus von 1533 und bei Bucer in seinem

---

[29] *Reu* (A. 26), 3, Abt. 1, 2, S. 703 f.

zweiten Straßburger Katechismus von 1537. Hinsichtlich der Nummern der Gebote übernahm das Summarium die Wortformen des genannten Katechismus von Wolfhart: „Das erst, das ander" usw., aber nicht die Einteilung, welche 1533 bei Wolfahrt die talmudische gewesen war (u. S. 47). Vielmehr folgte das Augsburger Summarium von 1537 auch in diesem Punkte der Zürcher Ordnung und teilte mit ähnlichen Wendungen wie bei Jud 1534 die Gebote so ein, daß vier auf Pflichten gegen Gott und sechs auf Pflichten gegen den Nächsten bezogen wurden (S. 67). Offenbar wollte der Verfasser des Summariums nach dem Programm Bucers die Wittenberger Konkordie von 1536 weiterführen und Augsburg als Mittel der Union mit den Schweizern benutzen, indem der Bibeltext von Luther, das Bilderverbot und die Numerierung von Zürich übernommen wurden. Somit wurde 1537 die in Wolfharts Augsburger Katechismus von 1533 eingeführte rabbinische Zählung aufgegeben; im selben Jahr opferte auch Bucer die talmudische Numerierung, die sein Straßburger Katechismus von 1534 enthalten hatte, und führte die reformierte ein. Jedoch dürfte Bucer das Augsburger Summarium von 1537 nur inspiriert, nicht selber formuliert haben, weil sonst größere Ähnlichkeiten mit seinen Straßburger Katechismen festzustellen gewesen wären. Dasselbe läßt sich gegen die eventuelle Verfasserschaft Wolfharts anführen. Hingegen kann wohl Mäuslin für die Ausarbeitung des unionistischen Summariums verantwortlich gemacht werden. Er war ein warmer Anhänger der Schweizer, hatte bei der Delegation nach Wittenberg 1536 eine Hauptrolle gespielt und übersiedelte später nach Zürich und Bern.

In diesem Augsburger Summarium von 1537 wurde die Zürcher Einteilung der Gebote auf vier plus sechs zum ersten Mal durch einigermaßen genaue Zitate von Kirchenvätern motiviert: von Augustin wurden die ihm damals zugeschriebenen „Quaestiones" (in Wirklichkeit ein Produkt des sog. Ambrosiaster) angeführt, über Zwingli hinaus (o. S. 30) mit Hinweis auf die Stelle im Kap. 7; von Origenes zitierte man die „Homilie 8 über Exodus"; von Hieronymus und, wie man dachte, von Ambrosius (in Wirklichkeit vom sog. Ambrosiaster) Kommentare zu Eph. 6,2 (Patrologiae series latina 35, 2221 f.; series graeca 12,351; Series latina 26,537 f.; 17,399). Für diese Hinweise sorgte vermutlich Mäuslin, der wie Erasmus ganz fleißig patristische Texte herausgab. In seinem lateinischen Katechismus von 1545 und in seinem Dekalogkommentar von 1553 führte er nämlich ungefähr dieselben Kirchenväter an (J. M. Reu, Quellen, I,3, Abt. 2,3, 1924, S. 1663; In decalogum praeceptorum Dei explanatio, 1553, S. 10, 16—21). Zwar hat er im Katechis-

35

mus Augustin durch Athanasius ersetzt, im Kommentar aber beibehalten und drei griechische Traditionen beigefügt, die er unter den überlieferten Verfassernamen zitierte: von Athanasius das ihm zugeschriebene (eigentlich byzantinische) Lehrbuch der Isagogik (o. S. 26); von Chrysostomus das ihm zugeschriebene (eigentlich pannonische) „Opus imperfectum in Matthaeum" (o. S. 25 f.); von Gregor von Nazianz sein Lehrgedicht über den Dekalog (o. S. 25). Die patristischen Zitate zur Begründung der zwinglianischen Dekalogzählung, welche zum ersten Mal im Augsburger Summarium von 1537 erschienen, dürften somit auf den begeisterten Patristiker Mäuslin zurückgehen.

Mit dem Kreise Bucers kam Calvin wieder in Verbindung, als er 1538–39 in Basel und *Straßburg* seine Institutio von 1536 bearbeitete, um das Dreifache erweiterte und im August herausgab: „Institutio christianae religionis" (Straßburg 1539). Er behielt die 1536 eingeführte Zählung der Gebote, die er wohl indirekt von Jud übernommen hatte, fand es aber diesmal angebracht, durch Zitate der Väter seine Teilung auf vier plus sechs Gebote gegen Skeptiker zu verteidigen (S. 63 f.). Einiges hat er wohl dem Kreise Bucers entnommen, anderes selber gefunden. Mit strengen Worten, aber ohne Namen zu nennen, lehnte Calvin zunächst die Alternativen a) und c) ab: im Gegensatz zu Luthers Katechismen von 1529 verwarf er die Auslassung des Bilderverbots und im Gegensatz zu Bucers Katechismus von 1534 die Verselbständigung der Einleitung. Die von Calvin selber und seinen Freunden vertretene Einteilung, unsere Alternative b), sei die historisch richtige und finde sich bei Origenes und einmal bei Augustin, ferner bei Josephus und im Opus imperfectum in Matthaeum (am Rande: est inter opera Chrysostomi). Vergleicht man diese Belege mit denen im Augsburger Summarium von 1537 und in Mäuslins Dekalogkommentar von 1553 (o. S. 34 f.), zeigen sich Übereinstimmungen und Verschiedenheiten. Über die Einstellung des Origenes zur Dekalogzählung hatte Calvin im Elsaß wohl nur sprechen hören. Er konnte nämlich in der Institutio von 1539 die Origenesstelle nicht lokalisieren, obwohl das Augsburger Summarium den Passus richtig zitiert hatte[30]. Von seinen beiden Hinweisen auf Augustin war der erste neu und auf ein Textzitat basiert („Ad Bonifacium", d. h. Contra duas epistolas pelagianorum), der zweite wohl unbesehen aus dem Freundeskreis übernommen, weil die am Rande angeführte Textstelle (Quaestiones Veteris Te-

---

[30] Es geht um den Originaldruck der Institutio Calvins von 1539. Die vielbenützte Ausgabe des Corpus reformatorum 29 (1863), Sp. 380, hat die ursprünglichen Marginalien stillschweigend ergänzt.

stamenti, eigentlich ein Werk des sog. Ambrosiaster) von Calvin unrichtig verwendet wurde, obwohl sie im Augsburger Summarium von 1537 sachgemäß funktioniert hatte. Dort nämlich hatte der Verfasser, nach unserer Annahme Mäuslin, die Stelle korrekt als Beleg für die Teilung der Gebote auf vier plus sechs Gebote angeführt, Calvin aber benutzte sie als Beispiel für Augustins trinitarische Deutung der ersten Tafel, und dazu hätte er besser sein erstes Zitat („Ad Bonifacium") benützen sollen, wo Augustin mit „idolum" Abgott und nicht Abbild meinte. So weit also waren die Väterzitate der zweiten Institutio unselbständig, teilweise unrichtig. Jedoch brachte Calvin nachher zwei damals neue, zutreffende Beispiele für antike Vorgänger der reformierten Dekalogzählung. Er zitierte das „Opus imperfectum in Matthaeum" mit einer Randbemerkung über die Tatsache, daß es sich unter den Werken des Chrysostomus befindet. Calvin gab also die von Erasmus in seiner lateinischen Chrysostomus-Edition von 1530 festgestellte Unechtheit dieses Dokuments zu, was Mäuslin in seinem obenerwähnten Kommentar von 1553 nicht tat, obwohl er selber im Jahre 1539 für eine neue Ausgabe des Erasmischen Textes gesorgt hatte. Schließlich wies Calvin ohne Stellenangabe auf Josephus hin. Ob er die betreffende Textstelle (Antiquitates III,101) gelesen oder nur davon gehört hatte, jedenfalls war Calvin allem Anschein nach der erste, der auf diesen jüdisch-hellenistischen Vorgänger der reformierten Dekalogzählung aufmerksam machte. Zusammenfassend läßt sich feststellen, daß Calvin seine Väterzitate zum Dekalog in der Institutio von 1539 zum Teil von theologischen Freunden übernahm und zum Teil weniger richtig als das Augsburger Summarium einsetzte, daß er aber in ein paar Punkten das Material ergänzte.

Bald erstreckte sich der *Einfluß Calvins* vermittels der verschiedenen Ausgaben der Institutio und des Katechismus über mehrere Länder in West und Ost. Das betrifft auch die griechische und zürcherische Zählung der Gebote, die er mit autoritativem Tonfall als die einzig richtige dargestellt hatte. In dieser Zeit der religiösen Revolten hatten auch viele Leute ein Bedürfnis nach Autorität und Disziplin, und ihnen kam es sehr entgegen, daß Calvin beim Dekalog den ungekürzten Bibeltext anführte und Gottes Gesetz streng einprägte.

Genf und Straßburg waren die ersten Städte, in denen sich der Einfluß Calvins auf die Dekalogzählung bemerkbar machte. Zu denken ist an zwei oben erwähnte Katechismen aus dem Jahre 1537, den Genfer von Calvin und den Straßburger von Bucer (o. S. 33 f.; u. S. 48).

Eigentümlich ist aber, daß so früh wie 1537 auch die Kirche von *England* die neue Dekalogzählung übernahm und nachher ohne weiteres beibehielt. Die geschichtlichen Umstände lassen darauf schließen, daß nicht das Interesse für griechische Traditionen, sondern eine Bekanntschaft mit Calvins erster Institutio von 1536 die neue englische Zählung veranlaßte.

a) Heinrich VIII. (König 1509—47) suchte 1536 nach dem Tode seiner ersten und der Hinrichtung seiner zweiten Gemahlin theologische Kontakte mit Melanchthon, wurde aber wegen der festen Haltung der Wittenberger verärgert. Obwohl diese immer noch seine Ehepolitik verurteilten, erwarteten sie von ihm, daß er das Augsburgische Bekenntnis annehmen würde. Das verletzte ihn, und so gab Heinrich seinen Bischöfen plötzlich den Auftrag, ein spezifisch englisches Glaubensformular auszuarbeiten[31]. Unter der Leitung des Staatsministers Thomas Cromwell redigierten die vom Februar bis Juli 1537 in London versammelten Bischöfe mit Erzbischof Thomas Cranmer (1489—1556) an der Spitze das sogenannte Bischofsbuch: „The Institution of a Christian Man, Conteynynge the Exposition or Interpretation of the Commune Crede, of the Seven Sacraments, of the X Commendements" usw.[32]. Es kam im September 1537 heraus, nachdem man vergeblich auf das Imprimatur des Königs gewartet hatte. Für eine zweite Auflage verlangte aber der auch theologisch ehrgeizige Monarch mehrere Änderungen, gegen die Cranmer im Januar 1538 teilweise opponierte (Th. Cranmer, Miscellaneous Writings and Letters ed. for the Parker Society, 1846, S. 83-114). Im folgenden Jahre holte der König zu einem prokatholischen Gegenschlag aus. Sowohl in jenem Bischofsbuch von 1537 wie in diesen Bemerkungen des Königs und Cranmers wurden die zehn Gebote ohne Kommentar nach dem System Calvins gezählt (S. 100-106). Bereits zehn Jahre vor Beginn der bekannten calvinistischen Strömung unter Eduard VI. (1547—53) scheint also Calvin auf England eingewirkt zu haben. Vermutlich geschah das aufgrund einer Bekanntschaft der englischen Theologen mit seiner lateinischen Institutio aus dem Jahre 1536. Die anderen damals vorliegenden Katechismen mit der neuen Zählung: die von Jud, Zell und Bucer, waren alemannisch geschrieben und daher schwerer zugänglich. Es ist zu berücksichtigen, daß Calvin immer eifrig für die Verbreitung seiner Bücher sorgte. In ähnlicher Weise sandte Wolfgang Capito 1537 aus Straßburg seine „Responsio" nach London

---

[31] *Ph. Hughes*, The Reformation in England, 1 (1950), S. 355 f.; 2 (1953), S. 30 bis 46; *J. J. Scarisburick*, Henry VIII (1968), S. 398—420.
[32] *J. Ridley*, Thomas Cranmer (1962), S. 118—125.

und erhielt von Cranmer einen Dankbrief dafür (Original Letters ed. for the Parker Society, 1, 1846, S. 15 f.). Calvins erste Institutio von 1536 wurde übrigens in einer abgekürzten, seinem ersten Genfer Katechismus von 1537 angepaßten Form von Cromwells Sekretär Richard Taverner übersetzt, durch einiges Material aus dem Bischofsbuch ergänzt und 1539 in Taverners eigenem Namen herausgegeben[33]. Sogar noch deutlicher, als es beim vollständigen Titel des Bischofsbuchs der Fall war, knüpfte der Name von Taverners Lehrbuch an die Christianae religionis institutio von Calvin an: „A Catechism, or Institution of the Christen Religion". Folglich scheint die Zählung der zehn Gebote im Bischofsbuch von 1537 auf Calvin zurückzugehen, obwohl die Neuerung durch keine Erwähnung seiner Person begründet wurde. Theologisch ist von Interesse zu sehen, wie stark das Bischofsbuch beim Dekalog die Bedeutung der Obrigkeit und des Gehorsams betonte, was der König in seinen Marginalien noch mehr unterstrich, Cranmer aber wieder milderte.

b) Cranmer schrieb 1549 unter Edward VI. die erste, verhältnismäßig konservative Version von „The Book of Common Prayer", das in späterer Gestalt die noch gültige Agende der Church of England werden sollte. Hier fand sich als Einlage ein kleiner Katechismus, wo die zehn Gebote in einer immerhin reformierten Weise als vier Aussagen über die Pflichten gegen Gott und sechs über die Pflichten gegen den Nächsten gezählt wurden (The Two Liturgies, A.D. 1549 and A.D. 1552, ed. for the Parker Society, 1844, S. 122 f.). – In seiner zweiten Version des Prayer Book von 1552 verfuhr Cranmer noch radikaler und folgte mancher Anweisung von Calvin, Bucer und anderen Vertretern des Reformiertentums. Hier fügte der Erzbischof eine liturgische Neuheit ein, die ganz calvinistisch inspiriert war und nachher stehen blieb, nämlich die Rezitation des Dekalogs am Anfang der Messe mit dem Kyrie als Responsorium nach jedem Gebet (The Two Liturgies, S. 266 f.)[34]. Die von Calvin vertretene Zählung wurde als Selbstverständlichkeit hingenommen und ist durch einander ablösende Auflagen des Prayer Book in allen folgenden Jahrhunderten den Gottesdienstbesuchern der Church of England vertraut geblieben. – Northumberland ließ als Regent unter Eduard VI. die reformierte Zählung im Gebetbuch von 1553 (The Primer) sowie im englischen und lateinischen Katechismus von 1553 behalten, wobei im Katechismus das theologische Motiv der gött-

---

[33] *D. B. Knox*, The Doctrine of Faith in the Reign of Henry VIII (1961), S. 182 ff.

[34] *F. Procter* u. *W. H. Frere*, A New History of the Book of Common Prayer (1905, new impr. 1949), S. 86–89, 474, 478.

lichen Erkenntnis unverkennbar auf Calvins Institutio hinweist (The Two Liturgies, S. 370 f., 496 ff., 546 ff.).

c) Nach dem katholischen Rückschlag unter Maria I. (1553—58) befestigte sich der *Anglikanismus* unter Elisabeth I. (1558—1603). Die oben erwähnten kirchlichen Bücher, die 1537—53 unter heftigen politischen Schwankungen entstanden waren, vor allem The Book of Common Prayer, bestimmten die reformiert gebliebene Haltung der englischen Kirche in der Dekalogzählung.

Von *calvinistischen Kirchen* wollte Calvin nicht selber hören, aber seitdem er für Genf 1541 die Ordonnances ecclésiastiques und 1542 einen neuen Katechismus geschrieben hatte, breitete sich eine von ihm geprägte Kirchenzucht über weite Gebiete aus. Im zweiten Dokument: „Le catéchisme de l'église de Genève", behandelten die Fragen 132-219 den Dekalog, und dabei beanspruchte das Sabbatsgebot auffallend viel Raum (Fragen 143-158. 166-184).

Für den Einfluß dieser Bücher auf die Zählung der Gebote in reformierten Ländern könnten sehr viele Beispiele gegeben werden. Unten werden lediglich aus den Epochen der Gegenreformation und der Orthodoxie ein paar klassische reformierte Katechismen und ein seinerzeit berühmtes Studienbuch angeführt. Von besonderem Interesse ist die in diesen einflußreichen Urkunden dem Dekalog zugedachte Aufgabe.

An der Spitze aller reformierten Katechismen des europäischen Kontinents steht der kleine *Heidelberger* Katechismus von 1563. Bibliographisch lautet sein Titel: Zacharias Ursinus u. a., „Catechismus oder christlicher Unterricht, wie der in Kirchen und Schulen der Churfürstlichen Pfalz getrieben wird" (Heidelberg 1563, viele neue Auflagen). Initiatoren waren Kurfürst Friedrich und Caspar Olevianus, Hauptverfasser der junge, aus Breslau stammende Zacharias Ursinus (1534—83), der schon 1561 einen großen Katechismus geschrieben hatte.

Ursinus ging es um den Nutzen des Gesetzes für die Wiedergeborenen (den sogenannten tertius usus legis), nämlich als Anweisung über die zu vollbringenden guten Werke (Nachdruck in Kirchenordnung der Kurpfalz 1563 ed. H. Klugkist-Hesse, 1938, Frage 91). Er numerierte die zehn Gebote wie Jud und Calvin (Frage 92), und zwar hätten im Sinne dieser Männer die vier Gebote der ersten Tafel zu lehren, „wie wir uns gegen Gott sollen halten", die sechs der zweiten, „was wir unserem Nechsten schuldig sein" (Frage 93). In seiner Begeisterung für die Sittlichkeit in Zürich und Genf wollte Ursinus auch in Heidelberg eine restlos wirksame Kirchenzucht einführen. Zunächst verknüpfte er im ersten Haupt-

stück des Katechismus das Gesetz mit dem Liebesgebot (Frage 4);
aber diesen Aspekt gab er nachher auf und fügte im Schlußteil
(über die Dankbarkeit) den Dekalog wieder als Mittel zur moralischen Kontrolle der Erlösten ein (Frage 92). Dabei übernahm er in
den Erklärungen zu den einzelnen Geboten zwei positive Formulie-
rungen aus Luthers großem Katechismus: „Im allein vertrauen in
aller Demut und Gedult, von Im allein alles Guts gewaren", und
„daß ich meinen Nechsten Nutz, wo ich kan und mag, fördere, gegen
im also handle, wie ich wolte, das man mit mir handlete" (Fragen 94;
vgl. Luther, Weim. Ausg. 30,1, S. 133, 135, 178). Sonst aber formulierte Ursinus nur die ihm besonders wichtige Erklärung des fünften
Gebots positiv, diesmal unabhängig von Luther: „Daß ich meinem
Vatter und Mutter und allen, die mir fürgesetzt sein, alle Ehre,
Liebe und Trewe beweisen und mich aller guten Lehr und Straff
mit gebührlichem Gehorsam underwerffen und auch mit ihren Ge-
brechen Gedult haben soll, dieweil uns Gott durch ire Hand regieren
wil" (Frage 104). Mit diesen Ausnahmen orientierte Ursinus alle
Antworten konsequent negativ. Zum ersten Gebot hatte ein jeder
zu versprechen, das Kind wie der Greis: „Dass ich bey Verlierung
meiner Seelen Heil und Selikeyt alle Abgötterey, Zauberey, aber-
gläubische Segen, Anrufung der Heiligen oder anderer Creaturen
meiden und fliehen soll" (Frage 94). Beim dritten sollte man erklären: „Denn keine Sünde grösser ist noch Gott hefftiger erzürnet
denn Lesterung seines Namens, darumb Er sie auch mit dem Todt
zu straffen befohlen hat" (Frage 100). Zusammenfassend mußte die
Gemeinde beim zehnten Gebot versichern: „Dass auch die geringste
Lust oder Gedancken wider irgend ein Gebott Gottes in unser Hertz
nimmer kommen" (Frage 113). Obwohl in diesem Leben kein voll-
kommener Gehorsam erreicht werden könne, müsse sich der Christ
ohne Unterlaß darum befleißen (Frage 114-115).

Von dieser heroischen Morallehre ließen sich viele reformierte
Länder und Städte bestimmen, und die Kirchenzucht ist noch heute
in manchen Gegenden eine Kraftquelle. Damals wetteiferten die
reformierten Fürsten und Behörden, Pfarrer und Gemeinden besonders mit der jesuitischen Disziplin, die seit ungefähr 1550 die
katholischen Positionen mehr und mehr gestärkt hatte. Durch den
Heidelberger Katechismus wirkten Calvins Gedanken über den Dekalog in einem großen Umkreis weiter.

Johann *Wolleb* in Basel, Antistes am Münster und Professor für
Altes Testament (1586—1629), schrieb kurz vor seinem frühen Tode
zwei Bücher, die für die Auffassung des Dekalogs in der reformierten Orthodoxie charakteristisch erscheinen. Das eine Buch durfte

lange eine regionale Bedeutung behalten, das andere sollte indirekt auf die Weltgeschichte einwirken. — 1) Wollebs 1625 herausgegebene „Vorbereitung zu dem heiligen Abendmahl" war nach dem Vorbild des Heidelberger Katechismus komponiert. Sie zitierte die zehn Gebote wie Calvin, behandelte sie aber im ersten und nicht im dritten Hauptstück (Bl. A3a-4a). Dieser kleine Katechismus wurde im Kanton Basel noch im 19. Jahrhundert benutzt (spätere Ausgaben unter dem Titel „Frag und Antwort"). — 2) Wollebs 1626 gedrucktes Lehrbuch der Theologie, „Christianae theologiae compendium", kam auch in mehreren Auflagen und sogar in mehreren Ländern heraus und wurde bald ins Englische übersetzt, so daß es als repräsentatives Monument der reformierten Orthodoxie angeführt werden kann. Die calvinistische Zählung der zehn Gebote erschien dem Verfasser als Selbstverständlichkeit. Wolleb wollte hier im Stil der Zeit alles nach philosophischen Kategorien einteilen. Er sah im Dekalog das ewige moralische Gesetz (Ausgabe 1626, S. 49) und stellte die vier plus sechs Pflichten gegen Gott und Mensch nach diesem Leitbild dar. Bei der ersten Tafel interessierte er sich dafür, wie die Öffentlichkeit die wahre Religion zu gestalten habe. Bei der zweiten Tafel wollte er zeigen, wie die Würde und der Status eines gediegenen Bürgers bewahrt werden sollten (S. 51). Die ähnlich wie im Heidelberger Katechismus (Frage 91) definierten guten Werke wurden von Wolleb ganz philosophisch als „Tugenden" (virtutes) umgedeutet (S. 166). Er dachte sich eine Kongruenz dieser Tugenden mit dem Dekalog (S. 167) und zählte bei jedem der zehn Gebote dazugehörende Tugenden auf (S. 169-237).

Unter dem Eindruck des Heidelberger Katechismus einerseits und des Lehrbuchs von Wolleb andererseits entstand die 1648 in London vorgelegte *Westminster* Confession, die mit einem großen und kleinen Katechismus verbunden war. Sie wurde für die Presbyterianer in England, Schottland und Amerika maßgeblich. Uns liegt eine alte schottische Ausgabe vor: „The Confession of Faith, and the Larger and Shorter Catechisme, first agreed upon by the Assemblie of Divines at Westminster, and now approved by the General Assemblie of the Kirk of Scotland" (1651). Das moralische Gesetz, ein typischer Begriff Wollebs, wurde in der presbyterianischen Konfession so definiert: „This Law, after his (Adam's) fall, continued to be a perfect Rule of Righteousness; and as such was delivered by God upon Mount Sinai in tenne Commendments, written in two Tables, the four first Commendments containing our duty towards God, and the other six, our duty to Man" (Kap. 19, S. 39). Ähnlich lautete die Definition im großen Katechismus (S. 103), und dann wurden die zu jedem Gebot gehörenden Pflichten aufgezählt (S. 108-130), wobei Wolleb mit seiner Darstellung der Tugenden durchgehend als Vorbild diente. Auch in Übersee bekam dieser stoische Sittenkodex für die folgenden Jahrhunderte eine weltgeschichtliche Wirkung: Neben der Bibel wurde nämlich die Westminster Confession bei vielen Pionieren Amerikas die Norm und der Trost für Individuum, Familie und Gesellschaft. Der presbyterianische Katechismus inspirierte oft die Führenden zu jenem Ordnungssinn und Pflichtbewußtsein, womit der Kontinent unter vielen Gefahren kolonisiert wurde.

Zählung nach der Alternative c)

Einleitung (Ich bin der Herr) als *erstes* Gebot;
Götzen- und Bilderverbot (exegetisch = Nr. 1 und 2) als *zweites* Gebot;
die zwei Warnungen vor Begehren (exegetisch = Nr. 10 und 11) als *zehntes* Gebot.

Das ist die Numerierung des Dekalogs, die bei den jüdischen *Talmudisten* aufkam, in der rabbinischen Literatur der Spätantike und des Mittelalters dominierte und noch heute im jüdischen Unterricht verwendet wird. Für sie ist ein streng majestätisches Gottesbild charakteristisch, denn hier wird das einleitende Ich bin-Wort als eine Aufforderung zu Furcht und Zittern vor dem göttlichen Gesetz aufgefaßt. Dramatisch hat der Verfasser des Hebräerbriefes die rabbinische Einstellung zum Sinaigesetz gekennzeichnet: „Ja so furchtbar war die Erscheinung, daß Moses sagte: ich bin entsetzt und zittere" (Hebr. 12,21).

Besonders häufig findet sich diese Einteilung im palästinensischen Talmud (einer ca. 400 n. Chr. abgeschlossenen Sammlung von rabbinischen Satzungen und Traditionen mit Kommentaren dazu). Wie bei Philo erhielt hier jede Tafel in der Regel fünf Gebote (5 + 5 nach pal. Talm. Sheqalim 6,2, ed. Schwab 5,302; Soṭa 8,3, Schwab 7,313 usw.; jedoch 4+6 nach Berakot 1,4, Schwab 1,18 f.). Von der jüdisch-hellenistischen Auffassung unterschied sich die talmudische dadurch, daß nicht Erkenntnis, sondern Gehorsam das hauptsächliche Anliegen bildete. So mußten die Rabbiner dazu neigen, auch die einleitende Proklamation als eine selbständige Forderung der göttlichen Majestät zu betrachten. Weil ferner die in den ersten nachchristlichen Jahrhunderten wirksamen Talmudlehrer wußten, daß bei der Ausschmückung der Synagogen das Bilderver-

bot nicht ganz aufrechterhalten wurde, dachten sie hauptsächlich
an den Greuel der heidnischen Bilder und verbanden deshalb ohne
Zögern das Götzen- und Bilderverbot miteinander als zweites Gebot.
Folglich wurde die Ordnung der ersten Gebote im palästinischen
Talmud diese: 1. Ich bin der Ewige; 2. Verbot der Götzen und Bilder; 3. Verbot des Schwörens (u. a. pal. Talm. Sanhedrin 3,6,
Schwab 10,256; Sukka 4,5, Schwab 6,34; Qidduschin 1,2, Schwab
8,215; Nedarim 2,3, Schwab 8,178). Die nachfolgenden Gebote tru-
gen dieselben Nummern wie bei den hellenistischen Juden und
griechischen Christen nach Alternative b).

Aus dem babylonischen Talmud (ca. 500 n. Chr. abgeschlossen)
ist eine wichtige Stelle anzuführen, wo nämlich der Zahlenwert des
Wortes Tora (Gesetz) als Hinweis auf die 613 Gebote des Gesetzes
aufgefaßt wurde (bab. Talm. Makkot 24a), eine später fleißig ge-
pflegte Tradition. Hier wurden ausdrücklich die Einleitung zum
Dekalog und das Götzenverbot als erstes und zweites Gebot erwähnt.

Unter den *Midrasch* genannten Texterklärungen (die auf Predigt-
traditionen der ersten christlichen Jahrhunderte zurückgingen) ist
für das vorliegende Thema am interessantesten die Mechilta zu
Exodus (Jithro 5-8). Sie ließ die fünf Gebote der ersten Tafel jedes
für sich den fünf der zweiten entsprechen, stellte also die Einleitung
als erstes Gebot dem Mordverbot als sechstem Gebot gegenüber usw.
(Jithro 8, zu Ex. 20,17, ed. J. Winter & A. Wünsche S. 205). Auch
der Midrasch Rabba zu Exodus zählte die Einleitung als erstes
(29,1-9), das Götzen- und Bilderverbot als zweites Gebot (44,9; 47,9).

Überraschend ist zu sehen, wie die rabbinische Zählung im
4. Jahrhundert für Kaiser *Julian* maßgeblich wurde, als dieser Grie-
chenfreund seine große Streitschrift gegen die Christen verfaßte.
Sein literarischer Feldzug hatte eine militärische Vorgeschichte, an
die erinnert werden mag. Julian kämpfte 361 von Basel und Kaiser-
Augst aus gegen die Alemannen im Schwarzwald, zog aber plötzlich
von Augst gegen Ulm, um die Donau zu erreichen, fuhr rasch
stromabwärts zur Niederkämpfung seiner politischen Gegner im
Osten und konsolidierte dann seine hellenistisch gedachte Reichs-
macht in Byzanz. Hier faßte er zwei weitere Kriege ins Auge, einen
innenpolitischen gegen die Christen und einen außenpolitischen gegen die Perser. Während neun Monaten, vom Sommer 362 bis zum
Frühling 363, mobilisierte er zu diesem Zwecke seine Kräfte im
syrischen Antiochien. Dort entstand seine Streitschrift gegen die
Christen, die sich durch eine Gegenschrift des Cyrill von Alexandrien rekonstruieren läßt (Julian, Contra christianos, ed. C. J. Neu-
mann & E. Nestle, 1880; Cyrill, Contra Julianum). Julians pro-

funde Bibelkenntnisse ermöglichten ihm ein ziemlich freies Zitieren, aber die Annahme scheint trotzdem notwendig, daß ihm jüdische Berater zur Verfügung standen. So ist wohl die Konvergenz zu erklären, die hinsichtlich der Zählung der zehn Gebote zwischen Julian einerseits, Talmud und Midrasch andererseits vorliegt. Julian zitierte nämlich die ersten Gebote so (Contra christanos 152 C): „,Ich bin der Herr dein Gott, welcher dich aus dem Lande Ägypten herausführte'. Das zweite Gebot lautet dann: ,Keine anderen Götter sollst du außer mir haben. Du sollst dir kein Bild machen.' Hier gibt er auch den Grund an: ,Ich bin ... ein eifriger Gott.'" Kaum ist diese Übereinstimmung mit der talmudischen Dekalogzählung spontan entstanden. Bei den fünf Geboten der zweiten Tafel aber (152 C-D) vertrat Julian jene Umstellung der Verbote gegen Mord und Unzucht, die oben bei Philo und griechischen Vätern festgestellt wurde (o. S. 22—24), so daß er hier eher von seiner griechischen Lektüre ausging. — Cyrill polemisierte in seiner ca. 435 verfaßten Antwort nicht gegen Julians eigentümliche Zählung, weder gegen die rabbinische der fünf ersten noch gegen die philonische der fünf letzten Gebote (Contra Julianum V. 152 C-159 C). Er spielte aber gegen den Kaiser ohne weiteres die für Augustin charakteristischen Prinzipien der Exegese aus: die Begründung durch das Liebesgebot, die Verbindung von Einleitung und Götzenverbot und die Auslassung des Bilderverbots (152 C-154 C).

Aus der großen Literatur des späteren Judentums könnte Verschiedenes angeführt werden, aber wir konzentrieren uns auf einen berühmten Exegeten des Mittelalters, der für die Hebraisten des 16. Jahrhunderts entscheidende Bedeutung erhielt, nämlich Abraham *Ibn Ezra* aus Toledo (ca. 1092—1167). Er vollendete 1157 in Südfrankreich seinen Kommentar zum Pentateuch, worin die Erklärung zum Buch Exodus ein Hauptstück bildete. Dort wurden die zehn Gebote nach dem System des Talmud und Midrasch gezählt, was in der Erklärung zu dem als erstem Gebot bezeichneten Ich bin-Wort deutlich zum Ausdruck kam. Schon 1488 in Neapel und nachher mehrmals gedruckt, weckte der Kommentar Ibn Ezras zum Pentateuch und besonders zum Buch Exodus größtes Interesse bei den christlichen Hebraisten der Renaissance und Reformation.

Eine der wichtigsten Quellen für hebräische Studien in der Reformationszeit wurde die zweite rabbinische Bibel, welche der holländische Buchdrucker Daniel Bomberg in *Venedig* 1524—25 mit Hilfe des jüdischen Talmudexperten Jakob ben Chajim aus Tunis (ca. 1470—1535) herausgab. In bezug auf den Dekalog sind im Exodustext gegenüber Bombergs erster rabbinischer Bibel von

1516—17 drei Neuerungen zu verzeichnen: — 1. Auf der ersten in Frage kommenden Seite bildet das einleitende Ich-bin-Wort den einzigen Bibeltext; sonst nahmen hier Textapparat und Kommentare den ganzen Raum in Anspruch. Ohne irgendwelche Numerierung, aber schon wegen der typographischen Anordnung tritt also die Einleitung des Dekalogs im Sinne der talmudischen Zählung als erstes Gebot hervor. — 2. Den größten Raum auf dieser und den folgenden Seiten beansprucht Ibn Ezras Kommentar, der bei der Erklärung des Ich bin-Wortes ausdrücklich die talmudische Zählung der Gebote vertritt. — 3. Das masoretische Zeichen S für eine Pause (hier einmal sogar das stärkere P) figuriert im hebräischen Exodustext des Dekalogs mit einer auffallenden Ausnahme so, wie es nach Maimonides in der älteren masoretischen Tradition üblich gewesen war (o. S. 7). Es schließt also nicht das Götzenverbot (Nr. 1) ab, sondern zuerst das Bilderverbot (Nr. 2) und nachher die anderen Gebote. Die interessante Ausnahme findet sich bei den zwei Warnungen vor Begehren (Nr. 10 und 11): zwischen diesen gibt es im Exodustext der Bibel von 1524—25 kein solches Zeichen und nicht einmal einen Abstand in der Zeile, während die Gebote sonst mit neuer Zeile beginnen. Jakob ben Chajim oder vielleicht ein Vorgänger von ihm hat also den Exodustext nach dem talmudischen System umredigiert, so daß beide Warnungen als zehntes Gebot hervortreten sollten. Um dergleichen kümmerte sich aber der Schriftgelehrte nicht beim Paralleltext in Deuteronomium, wo die zehn Gebote im Hinblick auf Pausenzeichen und Zeilenanfänge ohne weiteres im Rahmen der älteren masoretischen, daneben auch katholisch und lutherisch gewordenen Tradition (o. S. 9—17) bleiben durften. Hier war übrigens der Kommentar des Ibn Ezra nur ganz kurz und spielte nicht mehr eine Rolle für die Gliederung des Textes. Jedenfalls wurde der in erster Linie beachtete Exodustext zum Dekalog in dieser großartigen Bombergbibel typographisch so eingeteilt, daß für den Leser die Struktur der rabbinischen Zählung der Gebote hervortrat, was auch der beigefügte Kommentar der klassischen Autorität Ibn Ezra bestätigte.

Als der seinerzeit führende christliche Hebraist Sebastian *Münster* (1489—1552) von Hieronymus Froben in Basel ein Exemplar der zweiten Venediger Rabbinerbibel erhielt, las er mit Begeisterung den Kommentar Ibn Ezras zum Dekalog. Er hatte lange auf eine Gelegenheit gewartet, als Morallehre für christliche Jünglinge die Erklärung der zehn Gebote durch einen Rabbiner herauszugeben, und das wurde ihm jetzt möglich. Aus der zweiten Rabbinerbibel übernahm er die Spalten mit dem Kommentar Ibn Ezras zum Dekalog, fügte sein im November 1526 datiertes Vorwort und seine lateinische Übersetzung bei, und 1527 gab Johannes Froben das Buch unter folgendem Titel heraus: „Decalogus praeceptorum divinorum cum eleganti commentariolo Rabbi Aben Ezra et latina versione Sebastiani Munsteri, unde iuventus non tam in hebraismo quam pietate proficere poterit." Im hebräischen Kommentar wie auch in der lateinischen Übersetzung zeichnet sich die talmudische Einteilung des Dekalogs ab, obwohl die augustinische Numerierung in den Marginalien zur lateinischen Übersetzung beibehalten wurde (o. S. 12). Auch in seiner prächtigen hebräisch-lateinischen Bibelausgabe von 1534 behielt Münster die augustinische Zählung bei. Er war kein Bilderstürmer und streifte im kurzen Kommentar zum Exodustext das Bilderverbot nur leise an (Bl. 71 a); im Gegenteil brachte er zur Parallele in Deuteronomium ein paar ironische Beispiele für jüdische Prüderie gegenüber Statuen (Bl. 171 a).

Aus der zweiten Venediger Rabbinerbibel 1524—25 scheinen dagegen zwei in Straßburg ausgebildete Theologen ihre Dekalogzählung direkt oder indirekt übernommen zu haben, welche 1533 und 1534 Katechismen mit derselben Einteilung der Gebote veröffentlichten, nämlich die oben wegen ihrer Tätigkeit in Augsburg erwähnten Bonifacius Wolfhart und Martin Bucer (o. S. 33). Gewiß hatte schon der Einfluß von Zwingli und Zürich auf Straßburg dazu beigetragen, daß sie bereit waren, von der augustinisch-katholisch-lutherischen Tradition abzuweichen. Jedoch folgten Wolfhart und Bucer in den angeführten Katechismen nicht der von Zwingli inspirierten Anpassung an die griechische Einteilung, die 1534 von Leo Jud in seinem Zürcher Katechismus durchgeführt wurde, sondern übernahmen die rabbinisch-jüdische Einteilung des Dekalogs. Wie kamen sie dazu? Indem sie in den Katechismen ihre Treue gegenüber dem hebräischen Texte betonten, dabei aber weder auf die Tradition der Rabbiner noch auf die Ibn Ezra-Ausgabe des Sebastian Münster hinwiesen, haben sie ihre Auffassung wohl eher durch Kontakt mit dem Venediger Bibelwerk gewonnen. Die beiden Freunde Wolfhart und Bucer dozierten Hebräisch in Straßburg, und während Wolfhart der Hilspfarrer von Bucer zu St. Aurelien in der westlichen Vorstadt war, bot man ihm 1529 eine Professur für Hebräisch in Basel an, auf die er nur zugunsten Münsters verzichtete (E. Staehelin, Briefe und Akten Oekolampads, 2, Nr. 542.670). Wolfhart übersetzte in seinem Katechismus von 1533 den Dekalog möglichst wortgetreu aus dem Hebräischen (Text bei J. M. Reu, Quellen zur Geschichte des Katechismus-Unterrichts, I, 1904, S. 758—764). Er leitete beispielsweise das zweite Gebot in dieser nicht sehr deutschen Weise ein (S. 758): „Du solt kain nachkomlinge Göter vor meinem Angesicht haben", was er Wort für Wort aus dem Hebräischen übertragen hatte ('älohīm 'ăḥērīm 'al pānaj). Bucer zeigte sich in seinem Katechismus von 1534 (Text bei Reu, S. 61-64) in bezug auf Hebräisch ebenso optimistisch und erwartete, der Lehrer würde den Kindern den Hebraismus „vor meinem Angesicht" ('al pānaj) philologisch genau erklären (S. 61). Setzen wir also voraus, daß sich Wolfhart und Bucer beim Dekalog von der typographischen Anordnung des Exodustextes in der zweiten Venediger Rabbinerbibel (1524—25) bestimmen ließen: Dann erklärt sich am besten, daß sie ohne Erwähnung der Rabbiner die rabbinische Zählung übernahmen und die Überzeugung ausdrückten, sie hätten einfach auf den mosaischen Urtext oder die hebraica Veritas gebaut. Wolfhart sagte zum Beispiel über die zwei Warnungen vor Begehren (unsere Nr. 10 und 11): „Es haltens auch die Hebreer nur für ain Gebott, dann sy werden in irer Sprach in aim Verss begriffen, so doch die andern all durch sondere Verss underschayden seind" (Reu, S. 759). Zu dieser Behauptung kam er offenbar wegen des Exodustextes der zweiten Rabbinerbibel.

Bonifacius *Wolfhart* aus Buchen in Baden (ca. 1490—1543) war von der St. Martinskirche in Basel zu der St. Aurelienkirche in Straßburg übergegangen und stand dort Bucer zur Seite, aber von 1531 an wirkte er als Reformator in Augsburg. Für diese Stadt schrieb er in Zusammenarbeit mit dem Augsburger Zwinglianhänger Michael Keller seinen Katechismus von 1533: „Catechismus, das ist ein anfengklicher Bericht der christlichen Religion, von den Dienern des Evangelions zu Augspurg" (Text wie oben angegeben bei Reu, S. 756-774). Dieses anonym herausgegebene Lehrbuch ist der älteste von allen noch bekannten Katechismen der Reformationszeit, welche unter dem Einfluß Zwinglis von der lutherischen Zählung der Gebote abwichen. In einer Tischrede des Jahres 1533 nahm Luther deutlich Abstand von dieser Neuerung und lehnte auch die Verbindung mit den Zwinglianern ab (o. S. 13 f.). Dabei vertrat Wolfhart allerdings nicht die Alternative b), die von Zwingli in Zürich empfohlen war und die sich nachher über die ganze reformierte Christenheit verbreitete. Es war vielmehr die talmudische Alternative c), welche er bei Bucer in Straßburg vermutlich aus der zweiten Venediger Rabbinerbibel kennengelernt hatte, welche aber später die reformierten Theologen nur in dieser Stadt und für kurze Zeit beschäftigte (vgl. das Augsburger Summarium von 1537, o. S. 33—35).

Im nachfolgenden Jahre, 1534, erschien bei Mathias Apiarius in

48

Straßburg ein 20 Blätter umfassendes Lesebuch für Kinder mit dem Titel „Gotsälige Anfierung der Juget in die Hauptstuk christlichs Glaubens" (Text in A. Ernst & J. Adam, Katechetische Geschichte des Elsasses, 1897, S. 41 f.). Vielleicht stammte es aus dem Kreise Bucers, der seinen unten erwähnten Katechismus von 1534 beim selben Buchdrucker herausgab. Das kleine Lesebuch brachte keine theologische Erklärung, sondern nur den auswendig zu lernenden Textstoff. Interessanterweise hatte sich aber der Redaktor von der talmudischen Dekalogeinteilung inspirieren lassen, denn auch hier bilden Götzen- und Bilderverbot das zweite Gebot.

Martin *Bucer* aus Schlettstadt (1491—1551) hatte 1524 als neugewählter Pfarrer zu St. Aurelien in Straßburg eine Programmschrift herausgegeben: „Grund und Ursach". Mit einem ausdrücklichen Hinweis auf die zweite Disputation in Zürich kämpfte er hier gegen die Bilder (Bl. O2a-P2a), die er vorläufig nach der Alternative a) im ersten Gebot erwähnt fand (Bl. O2a am Rande). Später folgte er abwechselnd den Alternativen c) und b). — 1. In seinem großen Katechismus von 1534, „Kurtze schrifftliche Erklärung für die Kinder und Angohnden", zählte Bucer wie Wolfhart die zehn Gebote nach dem rabbinischen System (Text wie oben angegeben bei Reu, S. 61-64). Mit dem Götzen- und Bilderverbot mußte sich das Kind besonders ausführlich beschäftigen und dabei auch die oben berührte hebräische Worterklärung verarbeiten (o. S. 47). — 2. In seinem kleinen Katechismus von 1537, „Der kürtzer Catechismus und Erklärung" (Text bei Reu, S. 83-87), gab Bucer plötzlich dieses Schema auf. In seinem Eifer für kirchliche Union, die er 1537 auch in Augsburg entfaltete (o. S. 33 f.), ließ er den Schüler im zweiten Katechismus die zehn Gebote wie Jud 1534 und Calvin 1536 nach der Alternative b) zählen. Das wurde durch Bilder verdeutlicht, und beim ersten Gebot sah man Moses vor Jehova die Schuhe ausziehen, beim zweiten wegen des Kalbes die Tafeln zerbrechen[35]. — 3. In seiner demselben Katechismus von 1537 angehängten Erklärung der Gebote für die ganz Kleinen kehrte aber Bucer schnell zur talmudischen Einteilung des Dekalogs zurück (Text bei Reu, S. 87 f.). Dasselbe gilt für den Haupttext seines dritten Katechismus von 1544, der ohne Bilder und wiederum in etwas veränderter Gestalt erschien, teils auf Deutsch: „Der kürtzer Catechismus" (Straßburg, W. Rihel, 1544), teils auf Lateinisch: „Catechismus ecclesiae et scholae argentoratensis" (Straßburg, W. Rihel, 1544). Hier wurden die zehn Gebote jeweils zweimal angeführt, weil am Anfang eine

[35] *E. W. Kohls*, Holzschnitte von Hans Baldung in Martin Bucers „kürtzer Catechismus": Theol. Zeitschr. 23 (1967), S. 267—284.

an das Lesebuch von 1534 (o. S. 47 f.) erinnernde Textsammlung eingefügt wurde, und sowohl darin wie im nachfolgenden Frageteil der beiden Katechismen wurden die zehn Gebote nach der jüdischen Ordnung gezählt (im deutschen Text Bl. A3a-A4a und C5a-D4b; im lateinischen Text Bl. 3a-4b und 22b-29a). — 4. Noch in seinem Buch „De regno Christi" von 1550 vertrat Bucer die rabbinische Zählung der Gebote (II, Kap. 56 und 60).

Wegen seiner fluchtartigen Übersiedlung nach England 1549 hatte aber Bucer damals seine Kontrolle über die Entwicklung in Straßburg verloren. Die talmudische Einteilung des Dekalogs verschwand daher bald aus seiner Kirche.

Seit 1552 und besonders nach dem Augsburger Religionsfrieden von 1555, der für die Lutheraner günstig war, hatte Straßburg in Johannes *Marbach* (1521—81) einen lutherischen Kirchenleiter, wie auch Basel seit 1553 in Simon Sulzer (1508—85). Marbach war über die Konkurrenz der verschiedenen Straßburger Katechismen unglücklich, denn man benutzte in den Gemeinden entweder den bewährten „Kinderbericht" des Wolfgang Capito aus dem Jahre 1527 oder die obenerwähnten neuen Katechismen von Bucer und Zell. Er beschloß, Luthers kleinen Katechismus überall im Elsaß einzuführen. Jedoch wagte Marbach nicht, die lokale Tradition ganz zu verdrängen, und so gab er ca. 1557 eine mit elsässischen Farben übermalte Kopie von Luthers Enchiridion heraus, die viele Auflagen erlebte und noch im 18. Jahrhundert gebraucht wurde. Marbach übernahm hier aus taktischen Gründen von Bucer eine reformierte Zählung der zehn Gebote: also nicht die jüdische, die Bucers Katechismen von 1534 und 1544 enthielten, sondern die griechische, die Bucer ausnahmsweise im Haupttext des bebilderten Katechismus von 1537 verwendet hatte (o. S. 48). Aus diesem volkstümlichen Katechismus übernahm Marbach sogar den Wortlaut des Dekalogs (Text bei Reu, 1, S. 141-147). Gewiß wurde er zur Änderung der lutherischen Tradition deswegen veranlaßt, weil die Elsässer zum Teil noch mit Bucers Katechismus vertraut waren, zum Teil aber mehr und mehr von Calvins Dekalogzählung beeinflußt wurden. Hier tritt eine Ironie des Schicksals hervor: Marbach bemühte sich in der Theorie um eine Union von Luther und Bucer, den protestantischen Hauptvertretern der Alternativen a) und c), ließ aber in der Praxis die von Calvin nach der Alternative b) propagierte Zählung der Gebote im Elsaß siegen.

3. Die zehn Worte im Neuen Testament und in der Gegenwart

Während der Spätantike gingen der römische Katholizismus und die griechische Orthodoxie auf mehreren Gebieten der Theologie und der Organisation auseinander, und die Zählung der zehn Gebote nach den oben studierten Alternativen a) und b) gehörte zu den trennenden Faktoren. In den Epochen der Reformation und der protestantischen Orthodoxie wichen die lutherische und die reformierte Christenheit ebenso in mehreren Punkten ihrer Theologie und Organisation voneinander ab, und hier wurde die Zählung der zehn Worte nach den Alternativen a) und b) ein deutliches Zeichen für die Spaltung der Kirchen.

Richtet man den Blick über die Zeiten der Reformation und Orthodoxie hinaus auf die neuere Kirchengeschichte, läßt sich bezüglich der Dekalogzählung der Hauptkirchen ein Status quo ante feststellen. Katholiken und Lutheraner hielten an ihrer Tradition fest, Orthodoxe und Reformierte ebenso an ihrer. Wohl nur selten waren sich die Laien der eingebürgerten Verschiedenheit bewußt. Aber in Gegenden mit gemischter Konfession konnte die jeweils um eine Einheit abweichende Numerierung leicht zu Mißverständnissen und Unsicherheiten führen, wie das noch heute vorkommt[36].

a) Der Gesamttext des Dekalogs

Im gegenwärtigen Zeitalter der Ökumene könnte es vielleicht praktisch erscheinen, sich über eine gemeinkirchliche Numerierung des Dekalogs zu einigen, so wie eine ökumenische Fassung des Vaterunser in deutschsprechenden Ländern angenommen worden ist. Ein tieferes Bedürfnis nach einer ökumenischen Zählung der Gebote hat sich aber nicht gemeldet. Letzteres hängt mit der sonderbaren

---

[36] *C. H. Moehlmann*, The Story of the Ten Commandments. A Study of the Hebrew Decalogue in its Ancient and Modern Application (1928), S. 3—59.

Tatsache zusammen, daß im ökumenischen Dialog der Dekalog kaum berücksichtigt wird. Unsere ökumenischen Autoritäten und Dokumente reden feierlich von der Heiligen Schrift Alten und Neuen Testaments, berühren auch das Verhältnis zwischen Gesetz und Evangelium, zeigen aber eine frappante Angst, auf das Gesetz Gottes näher einzugehen und die zehn Gebote als das anerkannte Zentrum des Gesetzes ernst zu nehmen. Repräsentative theologische Übersichtswerke und Enzyklopädien bieten von den zehn Worten ein auffallend dürftiges Bild. Sofern die Gebote überhaupt behandelt werden, geht es um Antiquitäten und Literarkritik, aber nicht um die Bedeutung des Dekalogs für die Menschheit.

Dem mosaischen Gesetzgeber lag bestimmt nicht daran, wie man die zehn Gebote zählen, sondern daß man sie halten sollte. Auch nach Paulus müsse für den Christen alles Gewicht auf dem *Halten der Gebote* liegen (1.Kor. 7,19). Biblisch-theologisch ist schon deshalb die in neuerer Theologie vertretene Meinung unrichtig, der alttestamentliche Dekalog sei infolge des Evangeliums aufgehoben oder überholt[37]. Viele modern sein wollende Geister sprechen mit der Zunge der Schlange zu den Menschen: „Ja sollte Gott gesagt haben, ihr dürfet nicht essen von allen Bäumen im Garten?" (Gen. 3,1). Entgegen ihrer Meinung schließt aber gerade das neutestamentliche Liebesgebot diesen Antinomismus aus. Jesus, Paulus, Jakobus und andere Autoritäten des Neuen Testaments stellten das Liebesgebot als Grundmotiv des Dekalogs dar, und zwar in dem Sinne, daß eben durch Liebe zu Gott und dem Nächsten seine Erfüllung zustande kommt. Dabei behält jede Satzung ihr volles Gewicht, und jede Versäumnis löst den göttlichen Zorn aus, während Gottes Liebe eine Erfüllung des Ganzen in der Liebe zu Gott und zum Nächsten ermöglicht (Matth. 5,19; Gal. 5,3; Jak. 2,10). Ein mathematisches Beispiel mag das Axiom der restlosen Erfüllung veranschaulichen, wobei die Zahl 10 als Symbol für den Dekalog, 2 als Symbol für das doppelte Liebesgebot verstanden sei: Wenn das verlangte Ergebnis einer Multiplikation 20 ist, dann gilt die Rechnung $10 \cdot 2$, eventuell $(3+7) \cdot 2$, $(4+6) \cdot 2$, $(5+5) \cdot 2$, aber nicht etwa $8 \cdot 2$.

Obwohl das Neue Testament keine vollständige Aufzählung der sogenannten zehn Gebote enthält und überhaupt keinen Namen für den Dekalog verwendet, werden mehrmals einzelne Gebote des De-

---

[37] Ein paar Ausnahmen: F. *Baumgärtel*, Die zehn Gebote in der christlichen Verkündigung: Festschrift O. Procksch (1934), S. 29—44; W. *Eichrodt*, The Law and the Gospel. The Meaning of the Ten Commandments in Israel and for Us: Interpretation 11 (1957), S. 23—40; H. *Röthlisberger*, Kirche am Sinai. Die zehn Gebote in der christlichen Unterweisung (1965).

kalogs als Beispiele angeführt oder angedeutet und überall unter der Voraussetzung ernst genommen, daß alle zehn Worte in Christus erfüllt werden sollen und können. Weil die Menschen ohne Christus die Gebote nicht erfüllen, sind alle Sünder und werden vom Gesetz angeklagt (Joh. 5,45; Röm. 3,19), und so besitzt für das Neue Testament der Dekalog als Zentrum des Gesetzes zunächst eine anklagende Funktion (usus elencticus legis). Die göttliche Liebe hebt in Christus das Versagen der Menschen auf (Matth. 19,26; Röm. 13,9; Jak. 2,8). Aber jedem, der im Kraftstrom der Liebe Christi nicht fortschreiten und von Christus die Stärke nicht weiter empfangen will, leuchtet das verurteilende und vernichtende Menetekel des Gesetzes wieder auf. Das ist ein Grundgedanke der neutestamentlichen Perikopen, die auf den Dekalog bezogen sind.

Besonders finden sich Hinweise auf die Gebote der zweiten Tafel in den neutestamentlichen Lasterkatalogen, welche die allgemein verbreitete Bosheit der Menschen als Sünde gegen das Gesetz darstellen (Matth. 5,19 mit Par.; Röm. 1,29 f.; 1. Kor. 5,9.11; 6,9 f.; 1. Tim. 1,9 f.; Off. 9,20). Jesus führte in seinem Gespräch mit einem reichen Jüngling (so Matth. 19,20.22) oder einem Ratsherren (so Luk. 18,18) die Erfüllung der Gebote der zweiten Tafel mit Zusatz des Elterngebots als Bedingung für seine Nachfolge an (Mark. 10,16 zählt sie nach den meisten Textzeugen in dieser Ordnung auf: Nr. 7, 6, 8, 9, 10, 5). Dann faßte der Meister die einzelnen Satzungen im Liebesgebot zusammen (so jedenfalls Matth. 19,19b) und stellte eine Verteilung des Eigentums auf die Armen als den für diesen reichen Mann richtigen Weg zum Heil dar (Matth. 19,21 mit Par.). Obwohl letztere Anweisung individuell gemeint war, läßt der Bericht verstehen, daß alle Jünger Jesu die zehn Gebote in souveräner Liebe erfüllen müssen, um das ewige Leben zu erreichen. Paulus drückte gerade diesen Gedanken aus, als er die Worte der zweiten Tafel (Nr. 7, 6, 8, 10) und sodann das Liebesgebot als ihre Erfüllung anführte (Röm. 13,9). Mose habe nach Paulus beim Empfang der Gebotstafeln direkt mit dem Herrn geredet (Ex. 34,28f.), und daher schwebe auch über dem alten Bund ein herrlicher Glanz (2. Kor. 3,7; hier wurde mit apostolischer Vollmacht der Ausdruck „die zehn Worte" vom Dodekalog auf den Dekalog und „der Herr" von Jahwe auf Christus übertragen). Nach dem Hebräerbrief lagen in der heiligen Lade die zwei Tafeln neben dem Manna und dem Aaronsstab (Hebr. 9,4), was auf die Vollendung in Christus hinweise (9,8-9a). Israel erschrak am feurigen Berge der Gesetzgebung (12,21), und noch mehr sei der Mittler des Neuen Bundes zu fürchten, wenn jemand von seinem Wege abweicht (12,25). Johannes sah als einen

Höhepunkt beim jüngsten Gericht die Offenbarung der Bundeslade im himmlischen Tempel (Off. 11,19). Die richtende Funktion der zehn Gebote (usus elencticus) kommt hier zum endgültigen Ausdruck.

b) Die Einzelgebote des Dekalogs

Auch im Blick auf die einzelnen Gebote unter den sogenannten zehn Worten bezeugen mehrere Stellen des Neuen Testaments, daß sie im neuen Bund ihre Rechtskraft behalten. Es geht entweder um Zitate des betreffenden Gebots oder um Kontakte mit dessen Thema.

Das folgende soll die Bedeutung der Einzelgebote für das Neue Testament beleuchten, dabei auch ganz kurz ihre Aktualität für die Gegenwart berücksichtigen. Für die Einteilung werden die exegetischen Nummern der Texteinheiten verwendet (o. S. 2—4).

I. Die Ehre des einen Gottes

Nr. 1, das Götzenverbot des Dekalogs (Ex. 20,3 mit Par.), ist die Konsequenz der einleitenden Proklamation von der absoluten Majestät Jahwes, des Schöpfers und Retters der Menschen[38]. Es wurde nach dem *Neuen Testament* bei der Versuchung Jesu indirekt als Argument gegen den Teufel verwendet. Jesus führte es nicht wörtlich an, ließ es aber durch ein paralleles Schriftwort mitklingen (Deut. 6,13): „Den Herrn deinen Gott sollst du anbeten und ihm allein dienen" (Matth. 4, 10/Luk. 4,8). Ebenso lag das Götzenverbot der Aussage Jesu über den Mammonsdienst zugrunde: „Ihr könnt nicht Gott und dem Mammon dienen" (Matth. 6,24/Luk. 18,13). Paulus wies im Missionsdienst wiederholt auf das erste Gebot hin, als er die Monarchie Gottes betonte: „Ihr habt euch zu Gott von den Götzen weg bekehrt, um dem lebendigen und wahrhaftigen Gott zu dienen" (1. Thess. 1,9). „Es gibt keinen Götzen im Kosmos ... sondern für uns ist Einer Gott: der Vater" (1. Kor. 8,4.6). Er wußte von der Gefahr eines Rückfalls in den Götzendienst der Heiden (1. Kor. 5,10 f.; 8,7.10) und in den für ihn falschen Opferdienst der Juden (10,20).

Das alte Gebot, sich vor der absoluten Herrschaft Gottes zu beu-

---

[38] *W. Zimmerli*, Ich bin Jahwe: Beiträge zur hist. Theol. 16, A. Alt dargebracht (1953), S. 179—209, = Gottes Offenbarung. Gesammelte Aufsätze (1963), S. 11 bis 40; *W. H. Schmidt*, Das erste Gebot (1969).

gen, hat in der *Gegenwart* seine Aktualität nicht verloren, sondern diese wird im modernen Kulturkampf unaufhörlich bestätigt, wie es die ganze Menschheit im Kontakt mit Drucksachen und Massenmedien erlebt. Je mehr nämlich die Herrschaft des am Sinai offenbar gewordenen Gottes, der sein Volk aus der Knechtschaft rettete, von den Vertretern einer angeblichen Aufklärung, Freimachung, Tabubekämpfung und Horizonterweiterung bestritten oder vergessen wird, desto mehr lassen sich die Menschen von neuen Idolen und Parolen versklaven.

Nr. 2, das Bilderverbot (Ex. 20,4-6 mit Par.)[39], wird im *Neuen Testament* als Gegenstand jüdischer und heidnischer Übertretung angeführt. Einerseits wird gegen die Juden bemerkt: „Sie machten sich in jenen Tagen ein Stierbild (das goldene Kalb) und brachten dem Götzen ein Opfer dar" (Apg. 7,41), ebenso: „Du verabscheust die Bilder und raubst doch Tempel aus" (Röm. 2,22); diese Juden schätzten also die Bilder. Andererseits heißt es von den Heiden: „Sie haben die Herrlichkeit des unvergänglichen Gottes durch bildliche Darstellung von einem vergänglichen Menschen, von Vögeln, Vierfüßlern und Kriechtieren ersetzt" (Röm. 1,23). Gerade diese Übertretung des Bilderverbots habe zu allerlei Sünden gegen die zweite Tafel des Dekalogs geführt (so nach dem ausführlichen Lasterkatalog in Röm. 1,26-31). Beim jüngsten Gericht sollen nach der Apokalypse alle Menschen bestraft werden, die trotz dem Kerygma weder auf ihren Bilderdienst noch auf ihre Mordtaten und Schwarzkünste, ihre Unzucht und ihren Diebstahl verzichtet haben (Off. 9,20f.). Auch der Prophet Johannes rechnete also mit einem Einfluß des Bilderdienstes (Nr. 2) auf mehrere Schandtaten des Heidentums, gegen die sich die zweite Tafel richtet (Nr. 6-8).

In der Antike war der Bilderdienst ein anerkannt wirksames Mittel der politischen Propaganda und Disziplin, was sich besonders in der Provinz Asien zeigte (Off. 13,14f.). Die raffinierte Bilderindustrie der *Neuzeit* hat noch größere Möglichkeiten zur Indoktrinierung und Faszination entwickelt. Ideologische, politische und merkantile Dirigenten können recht unbehindert manipulieren.

Nr. 3, die Warnung vor Gebrauch des Namens Jahwes (Ex. 20,7 mit Par.)[40] zum Unheil (hebr. šāw, im Alten Testament für allerlei Negatives und Destruktives verwendet: das Verderben, Ps. 12,3; Jes. 5,18 usw.), wollte ursprünglich nicht Profanierung schlechthin,

---

[39] *W. Zimmerli*, Das zweite Gebot: Festschrift für A. Bertholet (1950), S. 550 bis 563, = Gesammelte Aufsätze (A. 38), S. 234—248.

[40] *K. Baltzer* u. *B. Reicke*, Namenglaube im A. T., im N. T.: RGG 4 (1960), Sp. 1302—1306.

sondern Anrufung des Gottesnamens zugunsten des Verderbens (mit Artikel: laššāw) verbieten (vgl. etwa Deut. 5,2a; Ps. 24,4; 139,20; Hos. 10,4). Später entwickelte sich im Judentum die Praxis, die Nennung des göttlichen Namens vollkommen zu vermeiden oder den Namen vorsichtig zu umschreiben. In der Septuaginta wurde die Bestimmung über Steinigung des Lästerers (Lev. 24,16) auf jeden erweitert, der überhaupt den Namen Gottes ausspreche (griech. onomázōn to ónoma).

Auf dieses Tabu nimmt das *Neue Testament* nur ausnahmsweise Rücksicht („Himmelreich" statt „Gottesreich" u. dgl.). — 1. Im allgemeinen wird aber die göttliche Majestät freimütig als Gott, Herr und Vater gekennzeichnet (Matth. 1,22 f.; 5,16 usw.). Soweit es um die erste Person der Gottheit geht, spielt im Neuen Testament das Verbot gegen Mißbrauch des heiligen Namens überhaupt keine Rolle. Zwar wurde Lästerung des Namens Gottes (Lev. 24,16) erwähnt, aber nur als Thema jüdischer Anklagen (Matth. 9,3 mit Par.; 26,65 mit Par.; Joh. 5,18; 10,33.36; 19,7; Apg. 16,11) oder als Ausdruck heidnischen Steifsinns (Off. 13,6; 16,9.11.21). — 2. Vielmehr verband das Neue Testament dieses Gebot mit der zweiten Person der Gottheit, indem es vor Mißbrauch des Namens Jesu warnte. Ausgangspunkt war die jüdische Gewohnheit, den Namen Jahwe durch Adon „Herr" zu ersetzen und griechisch mit Kyrios „Herr" wiederzugeben (so in der Regel die Septuaginta, vom Christentum unabhängig auch Josephus, Antiquitates V,121; XIII,68; XX,90). Weil der himmlische „Herr" in Jesus erkannt wurde, (Matth. 3,3 usw.), bezog das Neue Testament das Gebot „Du sollst den Namen des Herrn deines Gottes nicht zum Unheil gebrauchen" auf Gottes menschliche Gestalt in Christus, wie später auch Augustin (o. S. 11).

Abgelehnt wurden nämlich im Neuen Testament a) jeder unehrliche und b) jeder arglistige Gebrauch des Namens Jesu. — a) Mit strengen Worten nannte Jesus diejenigen Leute „Missetäter", welche seinen Namen in unehrlicher Weise anführten und zu ihm „Herr, Herr" sagten, ohne den Willen des Vaters zu tun (Matth. 7,21/ Luk. 6,41). Vor einem magischen Mißbrauch seines Namens aber hatte er keine Angst. Wolle ein Fremder im Namen Jesu böse Geister austreiben, habe er nur dann Erfolg, wenn er für Christus und nicht für das Böse wirkt (Mark. 9,39 f./Luk. 9,50). Im positiven Sinne sei nach dem Neuen Testament der Gebrauch des heiligen Namens stets zu fördern, denn er bedeutet Verbreitung der Christusmacht und der Seligkeit (Matth. 28,19; Röm. 10,13; Phil. 2,10). — b) Hingegen galt jeder Gebrauch des heiligen Namens zugunsten

der Chaosmacht und des Verderbens (das meinte der oben angeführte Ausdruck laššāw) als strafbar. Ohne irgendwelche positive
Haltung zu Jesus aufzuweisen, mißbrauchten gewinnsüchtige Dä-
monenaustreiber in Ephesus seinen Namen und wurden dann sofort
von dem ausgetriebenen Geiste zerrissen (Apg. 19,16). Paulus erklärte, jede zynische Rede über den Namen Jesu (anáthema Iēsoûs)
bewiese Rückfall in den Götzendienst (1. Kor. 12,3). Wer den Namen des Herrn (Jesus) anruft, müsse sich vor allem von revolu-
tionärem Geschwulst und destruktiver Arglist freihalten (2. Tim.
2,19.22; hier in V. 19 bezieht sich adikía „Abnormität" auf das ganze
Krebsgeschwür jener Propaganda für Reformen, vor der in 2,16-26
mit deutlicher Anspielung auf die Söhne Koras gewarnt wird, und
in V. 22 werden neoterikaì epithymíai im Sinne von „revolutionä-
ren Begierden" abgelehnt). Auch dann konnte also der Apostel den
Mißbrauch durchschauen, wenn die Bekenner ein scheinbar idealis-
tisches, aber nicht uneigennütziges Programm der Reform vertraten.

Sowohl der unehrliche wie der arglistige Gebrauch des Namens
Jesu ist noch *heute* üblich. — a) Gegen den Materialismus mehr oder
weniger begüterter aber oberflächlicher Gemeindeglieder wird
gerne Kritik geübt, und sie kann begründet sein. — b) Es wird aber
selten eingesehen, wie Kritiker und Verbesserer auch ihrerseits vom
Materialismus beherrscht werden, wenn sie eine Revolution ver-
langen, ohne sich für das Gottesreich einzusetzen.

Nr. 4, das Sabbatgebot (Ex. 20,8-11 mit Par.)[41], wurde nach
dem *Neuen Testament* von Jesus keineswegs aufgelöst, wie es seine
Gegner behaupteten, sondern dem zentralen Liebesgebot untergeordnet. Folglich sei die Barmherzigkeit jedem Ritualgebot überge-
ordnet. Das wollten die Synoptiker durch einen programmatischen
Doppelbericht zeigen, nämlich über das Pflücken der Ähren und
den Mann mit der starren Hand (Matth. 12,3f. mit Par.; 12,11f.
mit Par.). Lukas zeigte es auch in seinen Berichten über die ver-
krümmte Frau und den wassersüchtigen Mann (Luk. 13,15 f.; 14,5).
Johannes erweiterte die Perspektive metaphysisch und schilderte,
wie der Gottessohn an einem Sabbattag die transzendentale Energie
des Schöpfergottes auf einen Lahmen wirksam machte (Joh. 5,17).
Die jüdische Beschneidung am Sabbat wurde von Jesus durch eine
Heilung des ganzen Menschen an diesem Tag ersetzt (7,3). Als das
verkörperte Himmelslicht öffnete Jesus am Sabbattage einem Blin-
den die Augen (Joh. 9,5 f.14). Er nahm also den Sabbat für die

---

[41] *E. Jenni,* Die theologische Begründung des Sabbatsgebots (1956).

Werke seiner Liebe in Anspruch, und derweise sei der Menschensohn der Herr dieses Tages (Matth. 12,8 mit Par.).

Wegen der Auferstehung Jesu am ersten Wochentag ersetzte die Kirche den Sabbat durch den Sonntag, zunächst als Feiertag (Apg. 20,7; 1. Kor. 16,2), später als Ruhetag[42]. Diese kalendarische Verschiebung des Feiertages bedeutete eine Grenzziehung zum Judentum ohne Aufhebung der Gottesworte, die auf den Sabbatstag bezogen gewesen waren. Auch für den Sonntag der Kirche gilt also, was Jesus über den Sabbat äußerte: daß er dessen Herr ist und besonders an diesem Tag sein Werk tut.

Der modern und mündig sein wollende Alltagsmensch von *heute* zeigt durch seine nervöse Betriebsamkeit am Feiertag, wie sehr er die Sinnesruhe nötig hat, die im Gottesdienst erhältlich ist. Gegen diese Neurose bietet das Sabbatsgebot die einzig wirksame Therapie. Wer freiwillig diesem Herrn, der Zeit und Tod besiegt hat, ein Stück von seiner teuren Zeit opfert, der steht nicht mehr so unter dem Druck der Zeit wie die versklavte Welt. Damals heilte Jesus die Leute am Sabbat. Er tut es noch heute am Sonntag, wenn man seine heilspendende Liebe auf sich wirken läßt. So geht es nicht mehr wie im Gesetz Moses um eine Forderung, sondern wegen der Liebe Jesu um ein Angebot.

II. Die Würde anderer Menschen

Nr. 5, das Elterngebot (Ex. 20,12 mit Par.)[43], drückte im alten Israel die Verpflichtung eines pater familias aus, die Würde seiner betagten Eltern zu beachten und wahren (hebr. kibbēd „Gewicht beimessen"). Daß die Hebräer das Elterngebot an den pater familias und nicht an die jungen Kinder adressierten, geht aus dem Kontext und aus negativ formulierten Parallelstellen hervor (Deut. 27,16; Spr. 20,2: hebr. hiqlā bzw. qillēl „als etwas Leichtes behandeln", entehren). Eine gute Behandlung der Großeltern der Familie sichere das Erbteil jedes hebräischen Mannes im gelobten Lande, und andere Stellen im Deuteronomium sagen dasselbe über das Halten verschiedener Gebote aus (Deut. 4,6.40; 8,1; 16,20; 25,15; 30,16).

Auch von Jesus wurde nach dem *Neuen Testament* das Elterngebot in diesem sozialen Sinne angeführt. Er tadelte pharisäische Ausleger des Gebots, nach denen eine Stiftung zugunsten des Tempels die Unterhaltpflicht des Stifters gegenüber seinen Eltern aufheben

---

[42] *W. Rordorf*, Der Sonntag (1962), S. 152—171.
[43] *M. Noth*, Das zweite Buch Mose (1959), z. St.

würde (Matth. 15,5/Mark. 7,11). Das heißt, Jesus machte auch das Elterngebot vom Liebesgebot abhängig. Er zitierte es im anderen Zusammenhang sogar als Kulmination der Gebote der zweiten Tafel (Matth. 19,18 f. mit Par.), nach Matthäus neben dem Liebesgebot (V. 19).

Paulus erweiterte in einer Mahnung an die Epheser das soziale Motiv dieses Gebots zu einem pädagogischen Anliegen und forderte die christlichen Kinder auf, ihre Eltern zu ehren (Eph. 6,1-3). Dabei sei das Elterngebot das erste Gebot im Buch Deuteronomium, bei dem sich folgende Verheißung findet: „damit es dir wohl ergehe und du ein langes Leben im (gelobten) Lande gewinnest" (Deut. 5,16). Paulus setzte hier als bekannt voraus, daß später im selben Bibelbuch ein zweites Gebot mit dieser Verheißung steht, nämlich das Gebot zum Schutz der Vogelmutter (Deut. 22,7). In diesem Punkte folgte der Apostel der üblichen rabbinischen Auslegung des Elterngebots (Material bei P. Billerbeck, Kommentar, 3, 1926, S. 614 f.). Nach den Rabbinern sei das Elterngebot das schwerste Gebot im Gesetz, weil es eine dauernde Finanzbelastung bedeutet. Hingegen sei jenes Tierschutzgebot, das sich auf elementaren Nahrungsfang bezieht, das leichteste. Weil nun Mose sowohl beim schwersten wie beim leichtesten Gebot langes Leben in der zukünftigen Welt als Lohn angegeben hatte, so müsse bei allen Geboten ewiges Leben in Aussicht gestellt sein (Weiteres bei Billerbeck, 1,1922, S. 437f. 902f.). Bestimmt hat auch Paulus beim Elterngebot die zitierte Verheißung auf das ewige Leben bezogen, zumal ihn ein langes irdisches Leben gar nicht interessierte. Jedenfalls bezog sich die Mahnung an die Gemeinde in Ephesus auf die Gehorsamspflicht der unmündigen Kinder (Eph. 6,1; vgl. Kol. 3,20). Aber in der späteren Korrespondenz mit Timotheus in Ephesus dachte Paulus (oder ein Jünger von ihm) wieder im Sinne der jüdischen Tradition an die Unterhaltspflicht der volljährigen Söhne gegen die Eltern (1. Tim. 5,4).

Die pädagogische Akzentverschiebung des Elterngebots erscheint legitim, wenn die wörtliche Bedeutung des vorliegenden hebräischen Imperativs (kabbēd) berücksichtigt wird: „du sollst ihnen Gewicht beimessen", das heißt die Würde der Eltern anerkennen und aufrechterhalten. In der späteren Auslegung des Elterngebots hat aber ein pädagogisches Verständnis dermaßen vorgeherrscht, daß in der Gegenwart die jugendliche Reaktion dagegen verständlich wird. Versteht man aber das Gebot richtig in seinen beiden Bedeutungen, hat es keineswegs seine *Aktualität* eingebüßt. Nicht zuletzt dürfte sein grundlegender Aspekt wichtig sein: als Mahnung an die Einzelnen in einer überorganisierten Gesellschaft, für die betagte Menschen nur Objekte der Sozialstatistik sind.

Nr. 6, die Bestimmung gegen Tötung, Mord und Totschlag (Ex. 20,13 mit Par.)[44], erhielt im mosaischen Gesetz wegen der Volkssitte der Blutrache eine besondere Schärfe (Gen. 9,6). Ein paar mildernde Anweisungen wollten den Rachevollzug auf die vorsätzliche Tötung und den eigentlichen Mörder einschränken (Num. 35,10-34). Im nachexilischen Judentum wurde die kollektive Vergeltung einer Blutschuld immer noch verherrlicht, so anläßlich der Strafexpedition der Makkabäer gegen die Nabatäer (1. Makk. 9,42). Weisheitslehrer brachten aber ein tieferes Verständnis für das Mordverbot auf, und von ihnen wurde jedes Blutvergießen als Kennzeichen des Götzendienstes und der Bosheit dargestellt (Weish. 14,25; 16,14), sogar jede Härte gegen die Armen zum Mord gestempelt (Sir. 34, 25 ff. [ed. Rahlfs 21 ff.]).

Jesus erklärte nach dem *Neuen Testament* in der Bergpredigt, wie das Mordverbot des Dekalogs ursprünglich gemeint war und sachgemäß zu verstehen sei, nämlich wegen des Gebots der Liebe und wegen der Würde des Nächsten positiv (Matth. 5,22): Schon wer seinen Bruder einen Schurken nennt, wird von Gott als Mörder beurteilt. Im anderen Zusammenhang zeigt sich bei Matthäus, daß Jesus sämtliche auf der zweiten Steintafel erwähnte Verbrechen mit Mordtaten an der Spitze dem bösen Herzen zuschrieb (Matth. 15,19; in Mark. 7,21f. ist das Sündenregister noch ausführlicher). Er faßte überhaupt die Gebote dieser Tafel im Gebot der Liebe zum Nächsten zusammen (so deutlich nach Matth. 19,19, obwohl Mark. und Luk. diesen Punkt auslassen). Paulus hat dasselbe getan, nur stellte er im Sinne der jüdisch-hellenistischen Zählung das Verbot gegen Unzucht an die Spitze (Röm. 13,9). Jakobus pointierte ebenso die Überordnung des Liebesgebots im Blick auf die Gebote der zweiten Tafel, für die er die Satzungen gegen Unzucht und Mord als Beispiele anführte (Jak. 2,8.11). Er faßte im Anschluß an die Überlieferungen der Weisheit und der Bergpredigt (Sir. 34,25 ff. [21 ff.]; Matth. 5,22) das Töten in einem weiteren Sinne auf: als Härte gegen die Armen (Jak. 2,9.11), als Mangel an Mitleid (2,13), als Eifer und Streitsucht (4,2).

Seltsamerweise ist das Mordverbot *nunmehr das einzige* Element des Dekalogs, das als Regel für das Handeln in einer säkularisierten Welt zitiert wird. In ihrem Eifer, es als Argument für einen radikalen Pazifismus zu benützen, lassen viele die tiefsinnige Auslegung des Mordverbots im Neuen Testament beiseite und betonen die Liebe zum Frieden in Äußerungen, die oft wenig Liebe zu den

[44] *J. J. Stamm*, Sprachliche Erwägungen zum Gebot „Du sollst nicht töten": Theol. Zeitschr. 1 (1945), S. 81—90.

Menschen bezeugen. Andererseits werden von eifrigen Modernisten und Futuristen die Geschichte und Tradition enorm verachtet, und ihre Pietätlosigkeit gegenüber den verstorbenen Generationen von Christenmenschen bedeutet auch einen solchen Mangel an Liebe, wie ihn Jesus in der Bergpredigt als mörderische Gesinnung bezeichnete.

Nr. 7, die Bestimmung gegen Ehebruch (Ex. 20,14 mit Par.)[45], das heißt Schändung einer Frau (Lev. 20,10; Spr. 6,32), wollte im Alten Testament die Integrität einer Ehefrau oder Verlobten sichern (Lev. 20,10; Deut. 22,22-27). Weisheitslehrer fanden das Gebot auch für den Ehemann und für den eventuell Versuchten nützlich: es könne den Gatten vor einem Verlust retten (Spr. 6,30f.) und den Dritten vor einer Schande schützen (6,21-35). Hauptsache blieb aber die Integrität der Ehefrau.

Diesen humanen Sinn behielt nach dem *Neuen Testament* das Gebot bei Jesus in der Bergpredigt, denn seine Warnung vor Begehren nach einer Frau (Matth. 5,28) sowie auch sein Verbot der Entlassung einer Frau (5,32) hatten deutlich zur Aufgabe, die soziale Entehrung einer jeden Ehefrau zu verhindern (gynē bedeutet hier „Frau", nicht Mädchen; moicheúō heißt „zum Ehebruch bringen"). Auch die Geschichte von der Ehebrecherin (Joh. 8,10) zeigt, daß Jesus bei diesem Gebot an einen Schutz der Frau gegen verführerische Pläne der Männer dachte. Lukas, Paulus und Jakobus zitierten nach der hellenistischen Zählung des Dekalogs (o. S. 21—24) das Ehebruchverbot als erstes Gebot der zweiten Tafel (Luk. 18,20; Röm. 13,9; Jak. 2,11). Das hing damit zusammen, daß neben dem Götzendienst die sexuelle Unordnung als erste Ursache der menschlichen Korruption galt (Gen. 6,2; Jes. 1,21; Jer. 3,1; Ez. 16,15; Hos. 1,2; 1. Hen. 7,1-8,3; Mark. 7,21; Apg. 15,20; Röm. 1,24.26; 1. Kor. 5,1.6.9). Gegen die Auflösung einer Ehe sprechen Schöpfung und Gesetz (Matth. 19,6 mit Par.; 1. Kor. 7,10f.). Ehelosigkeit oder Enthaltsamkeit, was manchmal in der jüdischen und griechischen Umgebung als moralisches Ideal dargestellt wurde, sollte nach Jesus und Paulus nur von besonders Begnadeten erwartet werden (Matth. 19,10ff.; 1. Kor. 7,7f.). Für andere müsse nach Paulus die Regel gelten, daß ein normaler Ehestand besser als erotische Unruhe ist (1. Kor. 7,2.9). Auch eine geistige Verlobung, wie sie in Korinth vorkam, sollte in einen wirklichen Ehebund übergehen, wenn der

---

[45] *W. Kornfeld*, L'adultère dans l'orient antique: Rev. bibl. 57 (1950), S. 92—109; *J. Blinzler*, Die Strafe für Ehebruch in Bibel und Halacha: New Test. Stud. 4 (1957—58), S. 32—47.

Mann dadurch von der ethischen Reife seiner Braut profitieren könnte (1. Kor. 7,36: „dann soll er auch so werden").

Der sexuelle Apparat wurde von der Bibel als etwas Natürliches hingenommen. Später vorherrschende asketische Tendenzen führten zur Gewohnheit, den Liebesakt als etwas Unreines zu betrachten. Moses und Salomo als Vertreter von Gesetz und Weisheit, vor allem Jesus und Paulus waren aber keine Rigoristen, sondern gute Psychologen und Soziologen, indem sie vor dem Unheil des Ehebruchs warnten und die eheliche Treue als das humanste Prinzip darstellten[46].

Trotzdem ist der Kampf gegen die vermeintlichen Tabus der Kirche *gegenwärtig* ein lukratives Geschäft für manche Verfasser und Ratgeber, Verleger und Schauspieler. Die unvermeidlichen Tragödien der zersplitterten Familien stört nicht die erotomane Riesenmaschine.

Nr. 8, das Verbot gegen Diebstahl (Ex. 20,15 mit Par.)[47], richtete sich wohl ursprünglich gegen a) jeden die Freiheit der Hebräer einschränkenden Menschenraub und Sklavenhandel, auch Kinderraub (dasselbe Verbum in Gen. 40,15 beim Kidnapping von Joseph, ebenso in Ex. 21,16; Deut. 24,7 über Menschenraub, der mit dem Tode zu bestrafen sei). Unter den Themen des Dekalogs sind nämlich Nr. 6, 7 und 8 bewußt ähnlich formuliert und setzen offenbar wie bei Nr. 9 ein persönliches Objekt der verbotenen Handlung voraus, etwa: Du sollst (einen hebräischen Mann) nicht töten, (eine hebräische Frau) nicht schänden, (einen hebräischen Menschen) nicht rauben. Ausdrücklich wird dann bei Nr. 9 der Landsmann als Gegenstand der Schutzbestimmung erwähnt, aber schon die Themen 6, 7 und 8 weisen implizit auf denselben Gegenstand hin. Weil ferner b) Diebstahl von Sachen und Tieren (Ex. 21,37; Lev. 19,11) im Dekalog bei Nr. 10 und 11 berücksichtigt wird, dürfte unter Nr. 8 ursprünglich kein solcher gemeint sein.

Auch das rabbinische Judentum verstand meistens das sinaitische Diebstahlverbot als eine Bestimmung gegen a) Sklaverei, während die Beeiferung von b) Sachdiebstahl die Ausleger weniger interessierte.

a) In ähnlicher Weise erscheinen Autoritäten des *Neuen Testaments* geneigt, beim Begriff des Diebstahls an Versklavung von Menschen zu denken. In den Evangelien und der Apostelgeschichte handelt es sich zunächst um Diebe und Räuber im Sinne von ideo-

---

[46] *H. Baltensweiler*, Die Ehe im Neuen Testament (1967), S. 19—34. 43—249.
[47] *A. Alt*, Das Verbot des Diebstahls im A. T. (1949), = Kleine Schriften, 1 (²1959), S. 333—340.

logischen Agenten, Verführern, die wie Wölfe unter den Menschen ihre Beute suchen (Matth. 7,15; Joh. 10,1.12; Apg. 20,29). Ein späterer Paulusbrief nennt sie Sklavenhändler, und zwar an der einzigen Stelle des Neuen Testaments, die im Rahmen des Dekalogs einen besonderen Aspekt des Diebstahlsverbotes hervortreten läßt (1. Tim. 1,10). In diesem Kontext werden die Übertreter des Dekalogs in der Reihenfolge unserer Nummern 5-9 aufgezählt und die Diebe als „Menschenentführer" bezeichnet (griech. andrapodistaí, lat. plagiarii).

b) Sonst zitiert das Neue Testament das Diebstahlverbot gelegentlich ohne Kommentar, und es kann sich dann um Sachdiebstahl handeln (Matth. 19,18 mit Par.; Röm. 12,9). Natürlich kamen Diebstahl und Betrug in der Umgebung des Christentums vor, nach Paulus auch bei den Juden (Röm. 2,21). Sogar neubekehrte Christen mußten dazu verpflichtet werden, mit diesem Unfug aufzuhören und ehrliche Arbeit zu leisten (1. Thess. 4,4; Eph. 4,28), besonders Sklaven und Diener (Tit. 2,10).

Da im Alten Testament und teilweise im Neuen Testament der sinaitische Dekalog bei Nr. 8, dem Verbot des „Diebstahls", eigentlich a) die Freiheit der Person schützen wollte, erscheint das Gebot *heute* auch im Blick auf mancherlei Gewaltakte der Machthabenden und Machtsuchenden aktuell. Im weiteren Sinne werden Menschenraub und Sklavenhandel von höheren Instanzen praktiziert, wie bei Nr. 11 näher zu beleuchten ist (u. S. 68). Auch die andere Erscheinung, b) Sachdiebstahl, hat sich raffiniert entwickelt, und da liegt eine Konvergenz mit Nr. 10 vor (u. S. 65).

Nr. 9, das Gebot gegen falsches Zeugnis (Ex. 20,16 mit Par.)[48], hing im Pentateuch mit ehrwürdigen Rechtsregeln zusammen, die in einem nachfolgenden Kapitel des Bundesbuchs so ausgelegt wurden (Ex. 23,1-6):

(1) Du sollst kein falsches Gerücht verbreiten. Reiche nicht einem Schurken deine Hand, so daß du ein Zeuge zugunsten der Gewalt wirst. (2) Folge nicht der Mehrheit zum Zweck der Bosheit nach. Sag in einem Prozeß nicht so aus, daß du unter dem Einfluß der Mehrheit (vom Wege) abweichst, um (die Sache) zu verdrehen. (3) Und den Geringen, sollst du ihn beim Prozeß nicht achten? (4) Triffst du nämlich den Ochsen deines Gegners oder seinen Esel verirrt an, dann mußt du ihm das Tier jedenfalls zurückbringen. (5) Und siehst du den Esel deines Feindes unter seiner Last niedersinken und verzichtest darauf, das Tier für ihn zu entladen, so mußt du es jedenfalls mit ihm zusammen entladen. (6) Beuge nicht das Recht deines Armen beim Prozeß mit ihm.

---

[48] *H. J. Stoebe*, Das achte Gebot: Wort u. Dienst N. F. 3 (1952), S. 108—126.

Auch im Rechtsstreit sollte also Humanität vorherrschen und jeder als Gentleman auftreten.

Später bezog das *Neue Testament* das Gebot im weiteren Sinne auf jede Aussage über die Mitmenschen. Neben anderen Sünden gegen die zweite Tafel sei falsches Zeugnis ein Ausdruck für menschliche Bosheit (Matth. 15,19), und ihm entgegen stehe das Gebot der Liebe (Matth. 19,19; Röm. 13,9 lect. var.). — a) Die neutestamentlichen Verfasser klagten über die arge Lüge, den bösen Willen und das falsche Zeugnis, mit denen Jesus und seine Jünger von der Umgebung verleumdet und angeklagt wurden (Matth. 5,11; 26,59f. mit Par.; Joh. 8,44; Apg. 6,13; 1. Petr. 2,12). — b) Auch die Jünger wurden aufgefordert, Menschen im Umkreis nicht zu richten, schmähen und verleumden (Matth. 7,1 mit Par.; Röm. 2,1; Tit. 3,2; Jak. 4,11; 1. Petr. 2,1). — c) Lüge wurde übrigens im Sinne jeder Diskriminierung von Glaubensbrüdern bekämpft, was den Getauften als der unter der Wahrheit stehenden neuen Menschheit wesensfremd sein müsse (Eph. 4,25; Kol. 3,9), nicht zuletzt im Zusammenhang der Rassenfrage (Kol. 3,11). — Es handelt sich in allen diesen Fällen nicht um Lüge im theoretischen Sinne einer Verdrehung von Tatsachen, sondern im moralischen Sinne einer Verleumdung von Personen, wobei als Opfer a) Jesus und die Jünger, b) die Menschen außerhalb der Kirche und c) die Brüder innerhalb der Kirche auftreten.

Das bedeutet eine Erweiterung des Gebots gegen falsches Zeugnis über das juristische Forum hinaus in die menschliche Sphäre überhaupt. Auch *bei uns* sollte die Liebe zu den Menschen die Norm setzen (Matth. 7,12; Röm. 2,4; Eph. 4,15; Kol. 3,14; Tit. 3,4; 1. Joh. 1,6; 4,20). Die sozialkritischen Weltverbesserer unterdrücken aber oft die menschliche Liebe und mobilisieren die giftige Zunge (Jak. 3,1-10).

Nr. 10 erscheint im Exodustext als eine Bestimmung gegen Trachten und Streben (hebr. ḥāmad, vgl. den arab. Namen Mohammed) nach dem Haus des Nächsten (Ex. 20,17a)[49]. Sie bezog sich also gleichzeitig auf subjektive Neidgefühle und objektive Machenschaften. Obwohl nur das Haus erwähnt wurde, muß im Blick auf die altjudäischen Verhältnisse vorausgesetzt werden, daß sich der Gesetzgeber für den Schutz des ganzen materiellen Eigentums eines Siedlers einsetzte: sein Haus und Feld (letzteres wurde in Deut. 5,21b zur Verdeutlichung hinzugefügt), seine Geräte und Vorräte sollten unversehrt bleiben. Das nächste Gebot im Exodustext (Nr. 11) wollte besonders die zu seinem Haus gehörenden Arbeits-

---

[49] *J. Herrmann*, Das zehnte Gebot: Festschrift E. Sellin (1927), S. 69—82.

kräfte berücksichtigen, denn in der ländlichen judäischen Umgebung erschien der Mann als Leiter eines Haushaltes, wo neben ihm seine Frau, Diener und Tiere die Arbeit leisteten.

Deuteronomium spiegelt eine mehr bürgerliche oder begüterte Umgebung wider, in welcher die Ehefrau nicht bloß als nützliche Arbeitskraft gezählt wurde, sondern auch durch ihre finanzielle oder feminine Attraktion eine Sonderrolle spielte. Hier wurde als Thema 10 die Frau allein (Deut. 5,2/2), dann als Thema 11 Haus und Feld, Diener und Tiere pauschal erwähnt (5,21 b). Allerdings behielt die samaritanische Version die Ordnung des Exodustextes auch im Deuteronomium, umgekehrt paßte die griechische Version den Exodustext dem von Deuteronomium an, und das beleuchtet noch einmal die sozialen Unterschiede, weil die Samaritaner oft Hirten und Bauern, die jüdischen Hellenisten meist Städter und Händler waren. — Wegen seiner volkstümlichen Unterscheidung von materiellem Eigentum und lebendigen Arbeitskräften muß wohl der hebräische Exodustext mit dem Haus an erster Stelle als älter gelten, während Deuteronomium nachher aus gesellschaftlichen Gründen der Frau die erste Stelle einräumte, was noch später die griechische Übersetzung auch im Exodustext durchführte.

Sowohl das rabbinische wie das hellenistische Judentum achteten bei Nr. 10 und 11 weniger auf die verschiedenen Objekte des Begehrens als vielmehr auf die Begierde überhaupt im Sinne eines bösen Triebes im Herzen (P. Billerbeck, Kommentar, 3, 1926, S. 234-237; ferner 4. Makk. 2,5f.; Philo, De decalogo 142). Bei dieser tiefpsychologischen Umdeutung spielte es keine Rolle, ob Nr. 10 auf das Haus oder die Frau bezogen wurde.

Hingegen verstand das *Neue Testament* Nr. 10 oder das Verbot des Trachtens nach dem Haus des Nächsten hauptsächlich als ein selbständiges Gebot, indem der Begriff des Trachtens oder Begehrens (griech. epithyméō) hervorgehoben, verallgemeinert und auf das notorische Jagen nach Reichtum und Wohlstand konzentriert wurde.

a) Markus ist dabei besonders aufschlußreich. Er ließ im Gleichnis vom Säemann die Dornen auf die Begierden hinweisen und verstand letztere als eifriges Trachten nach Wohlstand (Mark. 4,19). Als der reiche Jüngling an die fünf Gebote der zweiten Tafel erinnert wurde, formulierte Jesus nach Markus unsere Nr. 10 so: „du sollst (die Leute) nicht ausbeuten" (Mark. 10,19, griech. aposteréō). Dieser junge Gutsbesitzer und Handelsherr war nicht gewillt, zugunsten des Gottesreichs auf seine Vermögenswerte und Kamelladungen zu verzichten (10,22,25). Hier erscheinen Reichtum und Wohlstand nicht grundsätzlich als Sünde; weil aber die Bindung des Jünglings an das Materielle seine Erfüllung des Liebesgebots verhinderte, führte sein Wohlstand indirekt zur Ausbeutung des Nächsten und also zur Verletzung der Bestimmung Nr. 10.

b) Paulus zitierte von dieser Einheit des Dekalogs nur die Wendung „du sollst nicht Begierde haben", ohne daß er für nötig hielt, das Objekt des Trachtens anzuführen (Röm. 7,7; 13,9). Trotz scheinbarer Ähnlichkeit mit asketischen Traditionen der Umgebung wollte Paulus mit diesem Zitat nicht menschliche, natürliche Gefühle unterdrücken, sondern unchristliches Jagen nach Wohlstand. In ähnlichen Paränesen, wo die von der zweiten Tafel abgelehnten Sünden angedeutet wurden, ließ er Mahnungen gegen Übervorteilung durch juristische und geschäftliche Maßnahmen den Platz von Nr. 10 einnehmen (1. Kor. 6,8, apostereō; 1. Thess. 4,5f., pleonektéō). Ebenso verband Paulus direkte Aussagen über Begierde mit Warnungen vor dem Streben nach Wohlstand in verschiedenen Formen, etwa der Sehnsucht nach der guten alten Zeit in Ägypten (1. Kor. 10,6), dem Verzehren fremden Eigentums (Gal. 5,14 f.), der primitiven Habgier (Kol. 3,5).

Auch andere Verfasser des Neuen Testaments verstanden die im Dekalog bei Nr. 10 verbotene Begierde als Materialismus. Sie verurteilten im Kontext dieses Begriffs ausdrücklich solche Erscheinungen wie das stetige Habenwollen, ohne behalten zu können (Jak. 4,2), die Anpassung an weltliche Interessen (1. Petr. 2,11), das Prahlen mit dem hohen Lebensstandard (1. Joh. 2,16) und dem blühenden Außenhandel (Off. 18,14).

Eigentum wird also vom Neuen Testament nicht an sich als Diebstahl betrachtet, aber einseitiges Interesse für das Materielle gilt als jene Begierde, die Nr. 10 im Dekalog zur Sünde gegen den Nächsten gestempelt hatte. Bei den heute führenden Völkern ist es nur selten der Großgrundbesitzer, der einen krassen Materialismus entfaltet, sondern meistens der Leistungs- und *Wohlfahrtsstaat*. In kybernetischer Selbstgefälligkeit zwingt er den Menschen technische und soziale Standardvorstellungen auf, obwohl er sie gleichzeitig ihrer persönlichen Güter und Werte beraubt.

Nr. 11[50] unterscheidet sich, wie vorher gezeigt wurde (o. S. 7—10), im masoretischen Text deutlich von Nr. 10. Laut der Exodusversion, die in einer volkstümlicheren Weise als Deuteronomium das Haus und die Frau auf Nr. 10 und 11 verteilte (o. S. 64), wollte dieses letzte Gebot jedes Trachten nach der Gemahlin, den Haus- oder Feldsklaven und Zugtieren eines Nachbarn verhindern (Ex. 20,17f.). Wie bei Nr. 10 muß das Trachten und Streben (hebr. ḥāmad) als böswillige Vorbereitung einer Besitznahme verstanden werden, und

---

[50] *J. Herrmann* (A. 49), ebd.

nur so paßt die Zusammenstellung der Frau mit den übrigen Arbeitskräften des Haushaltes.

Die ökonomischen Verhältnisse, die vor der Zeit der Geldwirtschaft und der Lohnarbeit in Altjuda vorherrschten, bedingten eine solche Schutzbestimmung zugunsten der kleineren und mittleren Unternehmen. Normalerweise bildete ein Kleinbauer oder auch ein Handwerker mit seiner Frau, den ihm gehörenden Arbeitern und Zugtieren ein organisches Arbeitsteam, und deswegen sollten alle zusammen auch die Sabbatsruhe genießen (Ex. 20,10; Deut. 5,14). Als lebenswichtigen Mitarbeitern wurde den tüchtigen Frauen und Knechten, obwohl unfrei, dazu auch den Tieren eine besondere Würde zugeschrieben (Gen. 23,4; Deut. 12,18; 1. Sam. 9,10; Jes. 1,3; Spr. 31,10).

In bezug auf die Sklaven des alttestamentlichen Volkes sind ein paar Punkte zu erklären, weil ihre Lage allzu leicht anachronistisch beurteilt wird. Verschuldete oder verarmte Leute verkauften sich manchmal als Sklaven, um existieren zu können (Lev. 25,25). Waren sie aber Hebräer, galten mildernde Bestimmungen: entweder durften sie nur teilweise wie Unfreie behandelt (25,39) oder mußten sie nach sechs Jahren freigelassen werden (Ex. 21,2; Deut. 15,12; Jer. 34,13). Für einen heidnischen Sklaven machten die Gesetze keinen solchen Vorbehalt. Aber der etwa als Kriegsgefangener versklavte Ausländer war mit seiner Familie jedenfalls versorgt und durfte sogar zu Passa am Tisch seines Herrn essen (Ex. 12,44), während der freie Arbeiter damals ein ganz unsicheres Dasein fristete (Deut. 24,14; Matth. 20,7). Das alttestamentliche Sklavenwesen entsprach gewiß nicht modernen Vorstellungen von Humanität, hing aber mit dem schwierigen Daseinskampf der Hebräer zusammen.

Unter diesen sozialen Gesichtspunkten ist die als Nr. 11 auftretende, abschließende Bestimmung des Dekalogs zu verstehen. Sie wollte die familiären Betriebe der Kleinbauern und Handwerker vor Übergriffen von seiten mächtiger Herren schützen.

In der Umgebung des *Neuen Testaments* hatten sich die sozialen Verhältnisse anders entwickelt, weshalb die von uns als Nr. 11 behandelte Schutzbestimmung des Dekalogs nicht im ursprünglichen Rahmen, sondern nur in einzelnen Punkten berücksichtigt werden konnte.

a) So wurde im Neuen Testament die Warnung vor Begierde nach der Ehefrau eines anderen Mannes von den übrigen sozialen Anliegen des Gebots losgelöst, weil in der jüdischen, griechischen und römischen Welt eine Frau nicht mehr überwiegend wegen ihrer Arbeit im Haus und auf dem Feld zusammen mit Sklaven und

Tieren, sondern oft in erster Linie wegen ihres Geldes oder ihres Charmes ein interessantes Tauschobjekt bilden konnte. Von diesem kulturell höheren Gesichtspunkt betrachtete Jesus die Warnung vor Begierde nach einer Ehefrau. In der Bergpredigt betonte er, wie das Interesse eines Mannes für die Eroberung der Frau eines anderen (Teilaspekt von Nr. 11) schon im Bewußtsein des Verführers in spe eine Frauenschändung bedeutet, so daß gleichzeitig das Ehebruchverbot (Nr. 7) anzuführen war (Matth. 5,28; o. S. 60).

b) Hingegen findet man im Neuen Testament kein wörtliches Zitat des betreffenden Gebots, so weit sich dieses gegen Begierde nach den Sklaven und Tieren des Nächsten richtet. Das kommt daher, daß mit der Entwicklung der Geldwirtschaft die Existenz einer Familie nicht mehr auf einem persönlichen Besitz von lebendigen Arbeitskräften beruhen mußte. Und wegen der Entwicklung des phönizischen, griechischen und römischen Sklavenhandels war damals für jeden Interessenten die Möglichkeit gegeben, sich Sklaven zu kaufen, ohne seinem Nachbarn zu schaden.

Das antike Sklavenwesen führte gewiß zur Unterdrückung und Ausbeutung vieler Menschen, und stoische Philosophen traten für das Ideal einer geistigen Freiheit ein, das auch jüdische und christliche Schriftsteller beeindruckte (4. Makk. 1,4; 2. Kor. 7,22). Jedoch schien den Aposteln und der Urkirche eine gewaltsame Aufhebung der Sklaverei weder möglich noch richtig; vielmehr hielten die Verfasser der Evangelien und Apostelbriefe am Begriff des loyalen Sklaven fest, der ein verpflichtendes Vorbild im Dienen sei (Matth. 24,45; Mark. 10,44; Luk. 17,7; Joh. 13,16; 1. Kor. 7,21; Eph. 6,5; Kol. 3,22; Tit. 2,9; 1. Petr. 2,18). Es geschah keineswegs zugunsten der Reichen, sondern um Gewalt zu vermeiden und Geduld zu verbreiten. In derselben Absicht verhielt sich Paulus gegenüber Philemon solidarisch und sandte den bei ihm schutzsuchenden Onesimus zu seinem Hausherrn in Kolosse zurück (Philem. 12). Ohne das relevante Gebot des Dekalogs anzuführen, dachte Paulus unvermeidlich an die Warnung vor Begierde nach eines anderen Sklaven (Nr. 11), als er der Versuchung widerstand, Onesimus bei sich zu behalten (Philem. 13). Das bedeutete für ihn keine grundsätzliche Legitimation des Sklavenwesens, sondern einen momentanen Verzicht auf Gewalt gegen ein bestehendes Rechtsverhältnis.

Allmählich verlor im Römerreich der Sklavenmarkt seine Bedeutung. Jedoch gab es auch später in Europa und Amerika sowohl Leibeigene wie Sklavenhandel, und erst nach schweren Kämpfen gaben christliche Staaten diesen Unfug auf. Handel mit Sklaven soll aber in Asien und Afrika *noch heute* vorkommen, und jedenfalls haben Diktaturstaaten in den Zwangsarbeitslagern einen Ersatz für die Sklaverei gefunden. Gegen diese Übergriffe läßt sich unsere

Nr. 11 anführen, dazu auch das Verbot Nr. 8, sofern es ursprünglich Menschenraub beeifern wollte.

Durch die Entwicklung der Großindustrie und des Staatsapparats in den modernen Kulturländern ist aber Nr. 11, das Verbot des Trachtens nach der Gattin und den Dienern des Nächsten, wieder *im ursprünglichen Sinne* aktuell geworden. Wie bei Nr. 8 und 10 (den Bestimmungen gegen Menschenraub und Habgier, o. S. 61—65) sind heute nicht mehr in erster Linie die Gutsbesitzer dieser Versuchung ausgesetzt, sondern die Dirigenten der Leistungs- und Wohlfahrtsgesellschaft. In ihrem Eifer für eine quantitativ wachsende Produktion nehmen sie den Familien die Hausfrauen weg, ebenso den kleineren Unternehmern ihre Angestellten. Die von Luther im Großen Katechismus bekämpfte Aufwiegelung von Gattinnen und Gesellen (o. S. 15) hat neue Ausdrucksformen gefunden.

Freilich soll kein bestimmtes Sozialsystem ewige Gültigkeit beanspruchen, weder ein altes patriarchalisches noch ein neues kollektvivistisches. Aber die gegenwärtige Unlust jüngerer und älterer Menschen zeigt, wie verheerend die Auflösung der Familienbande und der Kleinbetriebe zugunsten einer wachsenden Fabrikation, einer überbordenden Organisation und eines selbstherrlichen Staatsapparats wirkt. In der Strategie des modernen Arbeitsmarktes werden Männer und Frauen als Sklaven oder Arbeitstiere behandelt, die man hier oder dort beschäftigt und so oder so taxiert. Zu dieser Situation tragen die Staatsexperten, die Großunternehmer und die Volkstribune bei. Auch gegen sie läßt sich das alte mosaische Gebot anführen. Es bestätigt, daß die zweite Tafel der sogenannten zehn Worte im Grunde nichts anderes will als die Würde des Menschen schützen.

Weil die technische und soziale Entwicklung der Gegenwart sehr leicht zur Vermassung und Versklavung der Menscheit führt, bietet das göttliche *Gesetz*, das am Sinai geoffenbart und im Dekalog überliefert wurde, eben *heute* ein schützendes und rettendes *Evangelium*. Denn es betont die Würde des Menschen und fördert die Liebe zum Nächsten, und nur auf diesem Wege kann der Mensch davor gerettet werden, zum toten Ding herabzusinken.

Jedoch wird der Dekalog nur wegen des Verhältnisses zwischen dem immer wirksamen Geschehen im Alten Testament und dem im Neuen Testament für die Gegenwart aktuell. Das ist ein für die sich abseits Stellenden absurdes, für die von der heiligen Geschichte selber Betroffenen greifbares Geheimnis. Sehr schön kommt das Verhältnis zum Ausdruck in einer vorher zitierten Bemerkung des Irenäus (o. S. 23 f.), die ihrerseits von der Aussage der Bergpredigt über das Gesetz und Christus inspiriert war (Matth. 5,17): „Um jeden Menschen auf das (wahre) Leben vorzubereiten, hat der Herr persönlich zu allen in gleicher Weise die Worte des Dekalogs gesprochen; und zu dem Zweck sind letztere in gleicher Weise bei uns erhalten. Sie erfahren durch sein Kommen im Fleische eine Ausdehnung und Aufwertung, aber keine Auflösung" (Irenäus, Adversus haereses IV, 16,4).

Register der Bibelstellen

5,18	54

Jeremia
34,13   66

Ezechiel
16,15   60

Hosea
1,2   60
10,4   55

Weisheit
14,25   59
16,14   59

Jesus Sirach
34,21 ff. = 25 ff.   59

1. Makkabäer
9,42   59

4. Makkabäer
1,4   67

1. Henoch
7,1—8,3   60

Matthäus
1,22 f.   55
3,3   55
4,10   53
5,16   55
5,17   69
5,19   51 f. 59
5,22   59
5,28   60. 67
5,32   60
6,24   53
7,15   62
7,21   55
9,3   55
12,3 f.   56
12,8   57
12,11 f.   56
15,5   58
15,19   59. 63
19,6   60
19,10 ff.   60
19,18   22. 62
19,18 f.   11. 58
19,19   52. 59. 63

19,20.21.22   52
19,26   52
20,7   66
24,45   67
26,65   55
28,9   55

Markus
7,11   58
7,21   59 f.
9,39 f.   55
10,16   52
10,19   22
10,44   67

Lukas
4,8   53
6,41   55
9,50   55
13,15 f.   56
14,5   56
17,7   67
18,13   53
18,20   23. 60

Johannes
5,17   56
5,18   55
5,45   52
7,3   56
8,10   60
9,5 f. 14   56
10,1.12   62
10,33.36   55
13,16   67
19,7   55

Apostelgeschichte
7,41   54
15,20   60
16,11   55
19,16   56
20,7   57
20,29   62

Römerbrief
1,23   54
1,24.26   60
1,26—31   54
1,29 f.   52
2,21   62
3,19   52

Register der Personennamen

Ambrosiaster 26 f. 30. 34. 36
Augustin 10—12. 14 f. 20. 24. 28. 31.
35 f. 46

Bomberg 44
Bucer 13. 17. 27. 32—38. 46—49
Bullinger 30

Callinicos 26
Calvin 17—19. 32 f. 35—40. 49
Canisius 20
Capito 37. 49
Clemens von Alexandrien 1. 10. 24 f.
Cranmer 37 f.
Cromwell 37 f.
Cyrill von Alexandrien 43 f.

Erasmus 20. 26. 34. 36
Froben 12. 45 f.

Gerhart 29
Goethe 1
Gregor von Nazianz 25. 35
Grynäus 19

Hätzer 27. 29
Heinrich VIII. 37
Hieronymus 34
Hus 27 f.

Ibn Ezra 12. 44 f.
Isidor von Sevilla 11 f.
Irenäus 23. 69

Jakob ben Chajim 7. 10. 44 f.
Josephus 22. 35 f.
Jud 17. 27—35. 37. 39
Julian 43 f.

Karlstadt 28

Lombardus 12
Lukas von Prag 28
Luther 12—21. 28. 31. 35. 40. 47. 49

Maimonides 7 f. 10
Marbach 49
Masoreten 7—9. 30
Mäuslin 33—36
Melanchthon 32. 37
Münster 12. 45 f.
Myconius 18

Northumberland 38

Oekolampad 17—20. 31
Olevianus 39
Origenes 12. 25. 27. 35

Philo 21 f. 24 f. 27. 42. 44
Plato 22. 25
Platter 32
Procopius von Gaza 26

Strabo 12
Sulzer 19. 49
Surgant 12

Taverner 38
Tertullian 1
Theophilus von Antiochien 23 f.

Ursinus 39 f.

Wolfhart 13. 33 f. 46—48
Wolleb 18. 29

Zell 31 f. 37. 49
Zwingli 13. 27—32

94